한국 미사일 40년의 신화

한국 미사일 40년의 신화

자주국방 그리고 꿈을 이룬 사람들

박준복 지음

일조각

일러두기

1. 이 책은 현행 국방과학기술 용어를 그대로 사용했다. 단, 영어 약어는 이해를 돕기 위해 본딧말을 소개하고 알파벳으로 표기했다.
2. 외부 인용 저작물 중 국방과학연구소 제공분에 대해서는 당 기관의 허락을 얻어 저작권자 표지를 생략했다.

머리말

나는 운이 매우 좋아 평생직장 국방과학연구소에서 37년간 로켓과 미사일을 연구개발하며 지내왔다.

건국 약 60년 만에 선진국의 문턱에 도달한 대한민국의 고속 성장은 세계적으로 유례가 없는 것으로 학자들의 연구 대상이 되었다. 자세한 홍보를 할 수 없었던 관계로 일반인들은 알 수 없었지만, 국방과학기술 분야에서도 한국은 이러한 기적을 달성했다고 나는 감히 말할 수 있다. 그 중심에는 2010년에 40주년을 맞이한 국방과학연구소가 있으며, 나는 연구소의 많은 부서 중에서 오로지 로켓과 미사일 개발 부서에서만 연구개발을 해왔다.

이제까지 여러 선배들이 1970년대 한국의 미사일 개발에 대해 소개한 책자들이 나왔지만, 젊은이들과 소통하기에는 좀 부족하다고 생각했다. 그래서 나의 연구개발 실생활을 중심으로 대한민국의 로켓과 미사일 연구개발에 관련된 이야기를 글로나마 소개하면서 나의 경험과 생각을 공유하고 싶었다. 특히 차세대 연구원이 될 학생들에게 연구소에서 어떤 일이 어떻게 일어나는지 보여주고, 앞으로 선진국으로 가기 위해 어떻게 해야 할지 같이 생각해보고 싶었다.

여러 번 망설이다가 이것을 한 세대의 기록으로 남기기로 결심했는데, 군사 보안상 역시 모든 것을 말할 수는 없었다. 따라서 이 책이 대한민국

로켓과 미사일 개발에 대한 공식적인 완벽한 기록은 아니다. 여하튼 이 기록을 책으로 내는 작업은 국방과학연구소 소장님의 격려와 관계관들의 협조로 가능했다.

나는 이 책이 국방과학기술에 대하여 생소한 국민들, 특히 젊은이들에게 긍지와 희망을 드릴 것을 기대한다. 나는 자신 있게 말할 수 있다. 우리 세대가 이룩한 1차의 기적을 이어받아, 대한민국의 젊은이들이 이 나라를 진짜 선진국으로 만들 것이라고.

이 책이 나올 수 있도록 도와주고 격려해주신 모든 분들께 감사드린다. 특히 졸고를 기꺼이 출판해주신 일조각 사장님께 깊은 감사의 마음을 전한다.

2011년 4월

박준복

차례

프롤로그

"미사일 개발 기적의 40년"

1900년대 초, 약 100년 전 조선은 왜 망할 수밖에 없었을까? 결론적으로 국방력이 너무나 취약했고 경제력도 주변국에 비해 초라했다. 정보력도 부족하여 일반 국민은 물론 지도부조차 주변 환경이 어떻게 돌아가는지 알지 못했다. 우물 안 개구리가 외부 침입자에게 잡아먹히는 꼴이었다.

우물 안은 그야말로 좁고 단순한 세상이다. 외부와 교류가 없어 견식이 좁고 저만 잘난 줄 안다. 우물 밖으로 나가볼 생각을 하지 않으며, 가치관도 단순하여 색다른 것은 시도될 수 없다. 우물 안에서 도토리 키 재기 식 경쟁만 할 뿐이다. 20세기 초에 한국이 겪은 아픔도 어쩌면 이와 무관하지 않을 것이다. 지도부만의 잘못이라기보다는 국민 전체의 의식 부족과 세계관 결여가 원인이었다.

그런데 역설적으로 20세기 초 나라를 잃은 사람들이 외국에 나가 살기 시작했다. 그리고 1950년 발발한 6·25전쟁의 피난민으로 또다시 많은 한국인이 외국으로 나갔다. 일자리를 찾아 이민을 떠났고, 입양된 고아도 많았다. 많은 사람들이 외국인을 접하게 되었고, 외국에 직접 나가 견문을 넓히게 되었다. 의도했든 의도하지 않았든 세계화를 시작한 셈이다.

1945년 8월 15일 제2차 세계대전의 종전과 함께 일본의 식민 지배로부터 벗어난 한반도의 남쪽에는 미국의 군정을 거쳐 1948년 대한민국이 건국되었다. 건국 초기의 혼란, 그리고 3년이나 계속된 비극의 6·25전쟁을 치르기도 하며, 정치 사회적 혼란을 거친 후 1961년에는 박정희 대통령이 집권했다.

1970년은 대한민국이 건국된 지 22년이 되어 기초를 다지며 발돋움하던 해라고 할 수 있다. 국방과학연구소는 이 해 창설되어 2010년에 40주년 기념식을 가졌다. 나는 1974년부터 연구소에서 37년간 유도무기를 연구개발했는데, 어느 날 돌아보니 지나온 발자취는 까마득하고 간망하던 봉우리가 저만치 앞에 선명하게 보였다.

이미 대한민국은 각 분야에서 기적을 이루었다고 국제 사회에서 소문나고 연구 대상이 되었다. 무기 체계에 있어서도 40년 전에는 100% 외국에 의존했으나 오늘날에는 거의 자급자족하고 있으며 외국에 가르쳐 주기도 하면서 초강대국 미국과 공동으로 연구개발을 할 수 있는 단계로까지 발전했다. 이것이 기적이 아니면 무엇일까?

기적은 결코 우연히 일어나지 않는다. 기적은 수많은 사람들의 염원과 열정, 그리고 노력의 산물이다. 아직도 대부분의 나라는 국방력을 외국에 의존하고 있다. 자주국방 능력을 갖춘 나라는 일부 선진국과 특수한 나라들뿐이다. 이제 국방과학기술 분야에서도 선진국의 봉우리가 선명하게 보이기 시작했다.

그러나 매사 마지막 봉우리의 등정이 어려운 법이다. 한국은 1인당 GDP가 아직 2만 달러 안팎이고, 삶의 질이나 의식 수준에서도 진정한 선진국으로 진입했다고 보기 어렵다. 앞만 보며 달려온 길을 잠시 돌아보며 더 큰 기적을 기대하는 심경에서 연구소 생활 37년을 요약했다.

여기서 이 책의 중요한 주제인 선진국에 대해 이야기하기 전에, 오늘날의 초강대국 미국의 특징을 살펴보자. 다양성과 잡종강세, 실용주의, 엄격한 사회규범, 청렴한 사회, 활발한 인적 교류, 새로운 시도 장려, 지도자의 주기적 교체, 훌륭한 교육 체계, 철저한 경쟁 · 도태의 자본주의 사회, 과학기술의 중시, 최강의 군사력 등 미국이 가진 강대국의 특징 중 대한민국이 뚜렷하게 갖춘 것은 별로 없다.

위의 특징 중에서 선진국으로 발전하기 위해 강조하고 싶은 것은 다양성과 잡종강세, 그리고 교류 및 교환이다. 순혈주의는 정통성과 자존심 유지에 기여하는 측면은 있으나, 국가와 기업, 조직을 도태시키기도 한다. 교류 및 교환의 효과를 활용하려면 먼저 남을 알아야만 하며, 그들을 존중하고 인정해야 한다. 우물 안 개구리 신세를 벗어나려면 이러한 효과를 중요하게 여길 필요가 있다.

2003년 12월 10일 머나먼 아프리카 알제리의 대통령이 한국을 방문했다. 그는 바쁜 일정을 쪼개 하루는 대전에 있는 국방과학연구소ADD: Agency for Defense Development를 시찰했다. 한국의 대통령도 잘 찾지 못하는 국방과학연구소를 외국의 대통령이 무엇 하러 방문했을까? 그는 무엇을 보고 듣고 싶었을까? 그가 알제리 연구원을 국방과학연구소에 교환연구원으로 파견하겠다고 제안했다면 우리는 받아줄 수 있었을까?

이 책은 국방과학연구소의 초창기부터 로켓rocket과 미사일missile을 개발해온 7080 연구원으로서의 시각과 실제 생활을 통해 대한민국의 국방과학기술에서 미사일이 어떻게 연구개발되어왔는가를 살펴본 것이다. 또, 나의 관점에서 대한민국이 선진국으로 도약하기 위해서는 무엇이 필요할까 생각해본 것을 기록했다. 한 가지 첨언할 것은 이 책의 내용은 나 개인의 생각과 주장이지 국방과학연구소의 견해가 아니라는 점이다.

참고로 현대전의 총아인 미사일에 대하여 낯설어하는 독자들을 위해 미사일의 종류와 용어를 간략히 소개하면 다음과 같다.

현대 미사일의 효시는 제2차 세계대전 중 독일이 개발한 V1과 V2이다. V1은 비행폭탄이라고도 했고, 오늘날 토마호크Tomahawk 같은 순항미사일cruise missile의 원조가 되었다. V2는 포물선을 그리며 공기가 없는 고도(약 100km 이상)까지 비행하기도 하는 탄도미사일ballistic missile의 원조이다.

미사일은 용도와 형태에 따라 구분되는데, 그 주된 분류 기준은 발사 플랫폼platform과 대상 표적의 종류이다. 발사 플랫폼에는 지상의 발사대, 해상의 함정, 수중의 잠수함, 공중의 전투기, 우주정거장 등이 있다. 대상 표적으로는 역시 지상의 적, 해상의 적 함정, 수중의 적 잠수함, 공중의 적 전투기, 우주의 적 정거장 등이 될 수 있다.

이러한 발사 플랫폼 대 대상 표적의 조합으로 지대지, 지대함, 지대공, 함대지, 함대함, 함대공, 공대지, 공대함, 공대공 미사일 등으로 분류하게 된다.

대표적인 지대지 미사일로는 뒤의 그림에서 예시한 V2, 스커드Scud, 이스칸더Iskander, 둥평21DF-21, 에이태킴즈ATACMS, 퍼싱Pershing 등을 들 수 있다. 그 밖에 대전차 미사일이나 대륙간탄도미사일ICBM: Intercontinental Ballistic Missile도 모두 지대지 미사일에 속한다. 지대공 미사일에는 호크Hawk, 나이키허큘리스Nike-Hercules, 패트리엇Patriot 등이 있다. V1은 최초의 지대지 순항미사일이었으며, 이를 계승 발전시킨 토마호크Tomahawk는 주로 함대지 미사일로 사용되고 있다.

그리고 미사일이란 보통 날아가는 비행체를 뜻하지만 발사대를 포함하는 전체 미사일 시스템을 의미하기도 하며, 우리말로는 유도탄誘導彈 또는 유도무기, 유도무기 체계라고 한다. 미사일의 추진제로 과거에는 주로 액체를 사용했으나, 오늘날에는 액체와 고체를 모두 쓴다. 특히 군사용 로켓에는 고체 추진제를 많이 사용한다.

한편 로켓이라는 말은 미사일을 포함하는 매우 넓은 의미의 용어로서 유도 로켓과 무유도 로켓으로 나눌 수 있으며, 이때 군사용 유도 로켓이 미사일을 뜻한다. 광의의 로켓은 앞부분의 탑재물까지 모두 의미하지만 협의로 사용할 때에는 뒷부분의 추진기관만을 의미한다. 이 추진기관이 몇 단으로 되었는가에 따라 1단 로켓, 2단 로켓 등으로 세분하기도 한다.

이제 저자의 실제 연구 생활을 중심으로, 1945년의 신생 독립국 대한민국이 미사일 개발을 꿈꾸기 시작한 1970년으로 가보자.

V1 제2차 세계대전 때 독일이 개발한 비행폭탄이다. 펄스제트 엔진을 탑재했고 순항미사일의 원조가 되었다(상).

V2 제2차 세계대전 말 독일이 개발한 세계 최초의 군사용 액체연료 로켓으로 탄도미사일의 효시이다(하).

스커드(Scud) 1960년대 구소련에서 운용하기 시작한 대표적인 지대지 미사일이다. 북한과 중동 일부 국가에서는 이것을 토대로 변형을 만들어 사용하고 있다(상).

이스칸더(Iskander) 2000년대 러시아에서 개발한 지대지 미사일로 2008년 그루지야 전투에서 사용되었다(하).

호크(Hawk) 1960년대 미국이 운용하기 시작한 대표적인 지대공 미사일이다.

패트리엇(Patriot) 1990년대 미국이 운용하기 시작한 지대공 미사일로 이라크전에서 스커드를 격추하여 유명해졌다.

에이태킴즈(ATACMS) 1990년대 등장한 미국의 대표적 지대지 미사일로 다연장로켓(MLRS) 발사대에서 발사된다. 걸프전과 이라크전에서 활약했다(좌).

퍼싱(Pershing) 미국의 중거리 지대지 미사일로 2단식 고체연료를 사용한다. 중거리핵전력감축협약(INF)에 따라 폐기되었다(우).

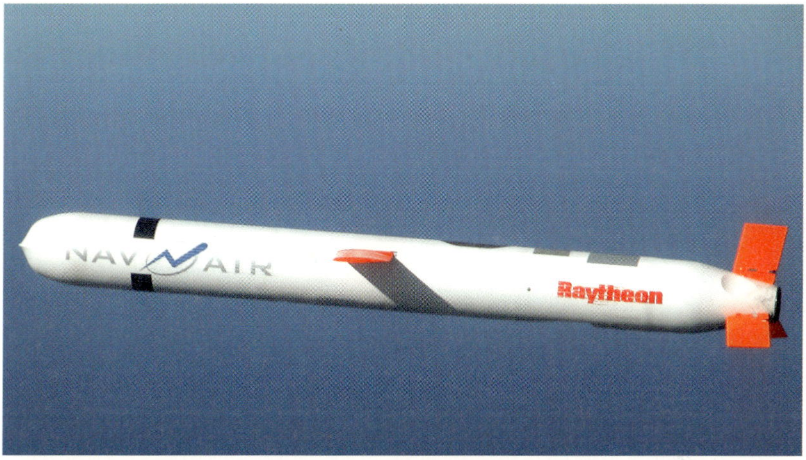

토마호크(Tomahawk) 미국 해군용의 중거리 순항미사일로 터보팬 엔진과 고체연료 부스터로 추진된다. 걸프전과 이라크전에서 주역으로 활약했다(상).

둥펑21(DF-21) 중국이 2000년대 개발한 중거리 탄도미사일(MRBM)이다. 주변국을 견제하고 항공모함을 공격하기 위해 배치되었다(하).

1부

미사일 개발의 꿈을 쏘아 올리다

객관적으로 볼 때 1970년대의 대한민국은 기술과 경제력 면에서 미사일을 개발할 형편이 전혀 아니었다. 그러나 대통령의 의지와 젊은 연구원들의 패기가 합쳐 무조건 도전했다.

국방과학연구소의 창설과 기적의 시작

목표만 달랑 부여받은 신설 연구소와 대학을 갓 졸업한 신입 연구원,
둘 다 꿈은 컸지만 출발은 초라했다.

격동의 대한민국 1970년

1945년 8월 15일 제2차 세계대전이 끝난 후 한반도는 일본의 식민 지배로부터 벗어났다. 남쪽에는 미국의 군정을 거쳐 1948년에 대한민국이 건국되었다. 건국 초기의 혼란을 거쳐 1961년 박정희 대통령이 집권했다. 한편 한반도 북쪽에서는 6·25전쟁을 일으켰던 김일성이 큰소리치며 남쪽을 협박하고 있었다.

1968년 1월 21일에는 김일성으로부터 청와대 습격 명령을 받은 31명의 무장 공비가 세검정 고개까지 침투하여 많은 사람들을 살상하는 1·21 사태가 벌어졌다. 이때 무장 공비들은 청와대 울타리 옆에 있는 나의 고등학교 교정을 지나 인왕산으로 도주했고, 그들이 던진 수류탄으로 모교 건물의 콘크리트 기초가 한 대야쯤 파여나갔다. 겨울방학 후 다시 등교한

나는 그 상흔을 직접 목격했다.

한편 1970년대 초반 6·25전쟁 이후 전쟁 재발을 방지하는 안전판 역할을 해온 주한 미군의 규모가 축소될 것이라는 발표가 있었다. 한반도에서는 이렇게 남과 북이 전쟁을 치른 뒤 20년 이상 으르렁거리고 있었고, 남쪽의 대한민국은 국방을 오로지 미국에만 매달릴 수 없는 환경이었다.

1970년은 대한민국의 건국 22주년이 된 해로, 전쟁과 혁명 등 수많은 우여곡절을 겪고 기초를 다지며 융성의 발돋움을 하던 시기였다. 국토의 대동맥이라 불리는 경부고속도로가 이때 준공되었다.

독재자로 지탄받기도 했지만 미래에 대한 선지자적 비전을 가진 박정희 대통령은 과학기술을 중시하여 1959년에 설립된 원자력연구소에 이어서 1966년에는 한국과학기술연구원KIST을 세웠다. 1970년 8월 6일에는 자주국방의 초석이 되라는 설립 이념을 부여하여 국방과학연구소ADD를 정원 60명 규모로 출범시켰다. 이후 대덕연구단지에는 정부 출연 연구소와 민간 연구소가 우후죽순처럼 설립되었다.

6·25전쟁 덕에 재빨리 선진국으로 복귀한 일본은 과거 식민지였던 한반도에서 두려워할 것이 없는데 한 가지 걸리는 것이 있다고 1970년대에 말한 적이 있다. 바로 대한민국의 이러한 연구소 설립이었다.

국방의 초석 박정희 대통령의 휘호를 새긴 초석으로 국방과학연구소 현관 앞에 있다.

국방과학연구소 설립 1970년

1970년도에 설립된 국방과학연구소의 초대 소장으로는 군 장성 출신이 임명되었는데 건강 사정 등으로 1년 만에 민간인 과학자로 교체되었다. 민간인 소장은 도전적이고 유능한 젊은 과학자들을 채용했다. 간부들은 대부분 사관학교 교수 등 군 출신 과학자들이었고, 실무 연구원들은 대다수가 학교를 갓 졸업하여 경험은 없지만 패기 넘치는 젊은이들이었다.

이러한 간부 체제와 인력 체계는 약 10년간 계속 팽창하면서 1970년대 말까지 지속되었다. 자유분방하고 도전적인 민간인 과학자들, 군을 이해하고 무기의 개념을 파악하고 있는 현역의 과학자들, 그리고 무섭게 도전하는 패기 발랄한 젊은이들은 기적의 기초를 닦기에 충분한 조건이었으며, 지도자의 아낌없는 지원이 기적을 이루는 데 나머지 필요조건이 되었다.

1970년대에는 국제적으로 방위산업에 관한 수출 통제가 느슨하여 핵심 부품과 장비를 외국에서 도입할 수 있는 운도 따라 주었다.

스물세 살 청년이 택한 평생직장, 국방과학연구소

이렇게 연구소가 창설된 1970년에 나는 항공 우주에 대한 꿈을 품고 서울대학교 항공우주공학과에 입학했다. 거의 매 학기마다 데모와 휴교가 반복되었지만, 낭만적인 4년이 지나고 주변의 친구들도 여기저기 직장으로 진출하고 있었다. 마지막 겨울방학을 고향 집에서 지내던 나는 선배의 권유로 국방과학연구소에 지원하기로 결정했다. 그곳에서는 무엇인가 의미 있는 일을 해볼 수 있겠다 싶었던 것이다.

나는 1974년 초반에 경쟁자들과 함께 시험을 치르고 서울 홍릉에 있던 국방과학연구소에 입소했다. 입소 후 알게 되었지만, 1974년 항공사업이 승인을 받아 착수하게 되었고, 이 사업을 위해 나도 채용된 것이었다.

홍릉 시절(1972)**의 국방과학연구소** 현재는 국방기술품질원이 사용한다.

박정희 대통령은 이미 1971년에 유도탄의 개발 가능성을 검토할 것을 지시하는 등 연구소 창설 때부터 항공사업을 구상하고 있었다. 당시에는 보안 문제로 국방과학연구소에 연구소라는 이름을 붙이지 않고 '홍능기계공업회사'라고 했으며, 산하 조직 중에서 1976년에 먼저 대전으로 이전한 항공사업부는 대전기계창이라고 불렀다.

1974년 그때 나는 국방과학연구소 입소가 평생직장의 시작일 줄은 몰랐다. 입소 후 3개월의 수습 기간을 거치고 나서 약 5만 원의 월급을 받아 든 나는 그 액수가 너무 많아 놀랐다. 또한 '사업'이라는 용어가 매우 낯설었다. 내 생각에는 돈을 버는 것이 '사업'인데 돈을 쓰기만 하면서 '사업'을 한다고 하니 어색했던 것이다. 사업은 프로젝트에 상대한 용어로, 장기적으로 그리고 간접적으로 돈을 벌 테니 틀린 말은 아니었다.

1974년 당시 국방과학연구소에는 아웃소싱한 출퇴근 버스 2대가 있었다. 퇴근할 때에는 모든 직원이 그 2대의 버스에 타고 바로 옆의 큰 연구소인 KIST로 가서, 각 노선별 버스로 갈아타고 집에 가곤 했다. 소장을 비롯한 핵심 간부들이 KIST에서 왔으니, KIST는 큰집이나 마찬가지였다.

한국 최초의 미사일, 백곰의 개발 착수

경험과 지식, 설비 등 모든 것이 백지상태였지만,
지도자의 관심과 연구원의 패기로 이를 극복해나갔다.
수많은 시행착오를 겪으며 유도탄 개발을 밀고 나갔다.

항공사업 XGM

내가 소속된 초창기의 항공사업부에는 몇십 명의 연구원이 근무했다. 당시에는 현재의 연구원을 연구수, 선임연구원은 부연구수라고 했고, 책임연구원이 되어야 비로소 연구원이라고 불렀다. ADD의 다른 사업부에서는 총포류 등을 모방 개발하고 있었는데 벌써부터 국산 총포를 개발하는 성과를 내고 있었다.

몇 개의 실로 구성된 항공사업부는 1974년 항공사업의 큰 프로젝트인 XGM사업에 착수했다. 보통 개발 단계의 프로젝트 영문명에는 첫 글자에 X를 붙이며, GM은 유도미사일을 뜻하는 Guided Missile의 이니셜이었다. 즉, 홍능기계공업회사의 항공공업은 미사일 개발 프로젝트였던 것이다. 이 XGM사업이 백곰사업으로, 다시 현무사업으로 이어졌다.

국방과학연구소의 초창기 상황을 현 시점에서 돌아보면 불합리한 점이 적지 않다. 하지만 그 모두가 첫 경험이었고 백지상태에서 긴급사업의 목표를 달성하기 위해 최선을 다해 임무를 수행하던 당시에는 불가피한 선택이었다고 볼 수도 있다.

그 예로 연구개발의 필요성과 성능요구조건ROC: Requirement of Capability을 사용자인 군이 제시하기보다 사실상 대통령이 했고, 예산도 청와대의 경제수석비서관을 통해 조치했던 점을 들 수 있다. 이것은 나중에 1980년대가 되어 외부 인사들이 국방과학연구소를 헐뜯는 빌미가 되었다. 군의 입장에서 보면 사용자를 무시한 채 무기 체계를 설계 개발하고, 만날 해외 출장이나 다니면서 국방 예산을 함부로 쓰고, 무엇을 하고 있는가 물어도 비밀이라며 자세히 알려주지 않았으니 국방과학연구소는 비난받을 만한 필요충분조건을 완벽히 갖추고 있었던 셈이다. 국방과학연구소의 어쩔 수 없는 운명이라고나 할까. 이러한 비난에 대한 핑곗거리는 보안인데, 연구소 사업 중 일부는 현재도 마찬가지이다.

어쨌든 이러한 문제들로 인해 1980년대에 국방과학연구소는 대규모 해고라는 큰 상처를 입게 되었다. 그 상처는 여기에 그치지 않고 대한민국의 국방과학기술 발전 속도를 10년 이상 침체시키는 결과를 가져왔다고 본다. 선진국의 국방과학 발전사에도 이러한 침체기가 있었을까?

여하튼 1970년대는 국방과학연구소의 전성기라고 할 수 있었다. 연구소는 대통령의 비전과 1972년의 지시, 그리고 제시된 성능요구조건에 맞추어 '항공공업시행계획서'를 작성했고, 내가 연구소에 입소한 1974년 5월 이를 대통령에게 보고하여 재가를 받았다.

참고로 그 당시 연구소에는 보고서 작성을 도와주는 타자수와 차트사,

그리고 컴퓨터에 입력하기 위해 컴퓨터용 카드에 구멍 뚫는 일을 하는 키펀처(천공원)가 있었다. 컴퓨터라고는 천공 카드로 입력하여 포트란FORTRAN 프로그램을 돌리는 중앙 컴퓨터 한 대가 전부였다.

6부 3실의 한 주 1974년

그 당시 내가 소속된 6부 3실의 연구원들이 하던 중요한 일과는 연구소 도서실에서 미국으로부터 입수한 전문 학술지를 열람하며 공부하는 것과 홍릉의 연구소 옆에 있던 '과학기술정보센터KORSTIC'에 가서 유용한 기술 자료를 찾아 복사한 후 분석, 정리하고 발표하는 일이었다. 외부인에게는 편하고 놀기만 하는 것처럼 보였을 터이나, 그것은 도약을 위해 필요한 과정이었다.

1974년 7월의 아래와 같은 주간업무보고에 따르면 나는 XFR사업의 발사대 설계 세미나에서 발표할 자료를 준비하고 있었다.

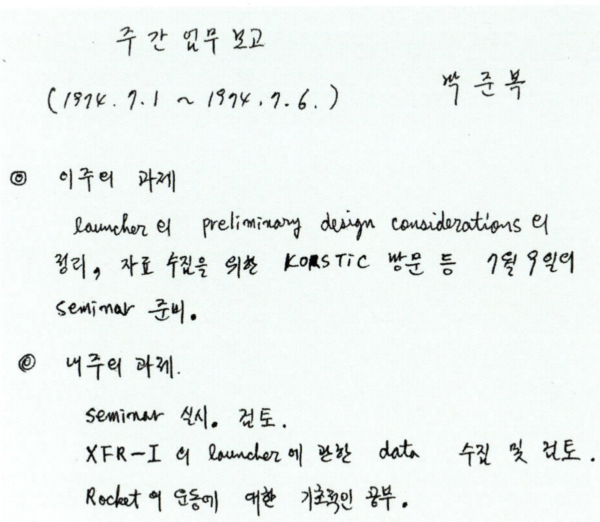
주간 업무 보고

(1974.7.1 ~ 1974.7.6.) 박준복

◎ 이주의 과제

launcher의 preliminary design considerations의 정리, 자료 수집을 위한 KORSTIC 방문 등 7월 9일의 seminar 준비.

◎ 내주의 과제.

seminar 실시. 검토.
XFR-I의 launcher에 관한 data 수집 및 검토.
Rocket의 운동에 대한 기초적인 공부.

저자의 주간업무보고
(1974)

유도탄 설계의 교과서와 유도탄의 기본 구성

로켓을 설계할 때 무엇을 고려하며 어디서부터 어떻게 설계해야 하는가를 알려주는 참고도서가 연구소 도서실에 소장되어 있어서 자주 참고했다. 그중에서도 미국 맥도넬더글러스 사의 유도무기 설계자료와 마틴마리에타 사의 연구원 친Chin, S. S.이 1961년에 저술한 『미사일 형상설계Missile Configuration Design』, 그리고 미국 육군이 발간한 핸드북 시리즈가 인상적이었다. 이 책들은 내용으로 보아 많은 종류의 로켓을 설계, 제작, 시험해본 뒤 얻은 데이터와 경험을 바탕으로 저술된 것이 분명했다. 나는 동료들과 이 책들을 공부하면서 나중에 더 좋은 책을 내자고 다짐을 하기도 했으나, 이제까지 지키지 못하고 있다.

이러한 책들은 유도탄 설계의 개괄적인 내용을 설명하는 교과서에 지나지 않았지만, 황무지나 다름없는 한국의 유도탄 설계에 있어서 기댈 언

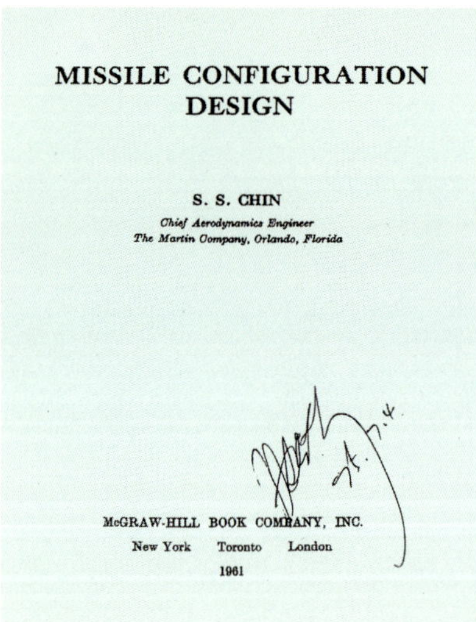
MISSILE CONFIGURATION DESIGN

S. S. CHIN
Chief Aerodynamics Engineer
The Martin Company, Orlando, Florida

McGRAW-HILL BOOK COMPANY, INC.
New York Toronto London
1961

미사일 전문가 S. S. 친의 저서 『미사일 형상설계』(1961)

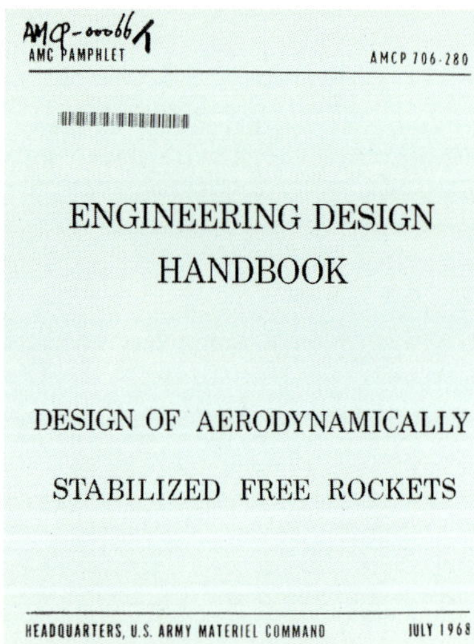
AMC PAMPHLET AMCP 706-280

ENGINEERING DESIGN HANDBOOK

DESIGN OF AERODYNAMICALLY STABILIZED FREE ROCKETS

HEADQUARTERS, U.S. ARMY MATERIEL COMMAND JULY 1968

미국 육군이 발간한 『공학설계 핸드북』(1968)

덕이 되어주었다. 유도탄에 관한 모든 것이 새로웠던 우리들은 열심히 공부하면서 더듬더듬 XGM 유도탄을 설계해나갔다.

유도탄은 아래 그림과 같이 표적을 탐색하는 탐색기seeker, 유도탄을 표적으로 안내하는 유도조종장치guidance & control unit, 표적을 파괴하는 탄두warhead와 탄두를 기폭시켜주는 신관fuze, 유도탄을 고속으로 추진해주는 추진기관propulsion system, 유도탄의 뼈대가 되는 기체air frame, 유도탄을 자유자재로 날아가게 하는 조종날개control fin와 이 날개를 움직여주는 구동장치control actuator, 그리고 이들을 거미줄처럼 연결하는 배선장치cable & connector unit로 구성된다.

유도조종장치에는 필요한 모든 계산을 수행하고 명령을 내려주는 컴퓨터가 당연히 포함되며, 여기서는 각종 하드웨어를 움직여주는 소프트웨어가 매우 중요하다. 또한, 모든 장치에 전원을 공급하는 배터리가 여러 개 들어간다. 유도탄의 구성품에서 탄두와 신관 대신에 실험 기자재나 인공위성을 탑재하면 상업용 과학 로켓이 되는 것이다.

2000년대에 들어 대부분의 유도탄은 자기 위치를 감지하여 표적으로 안내하는 항법센서로 값싼 GPS(Global Positioning System) 수신기를 탑재하고 있다. 이에 따라 수비하는 측은 유도탄의 공격을 회피하기 위해 GPS

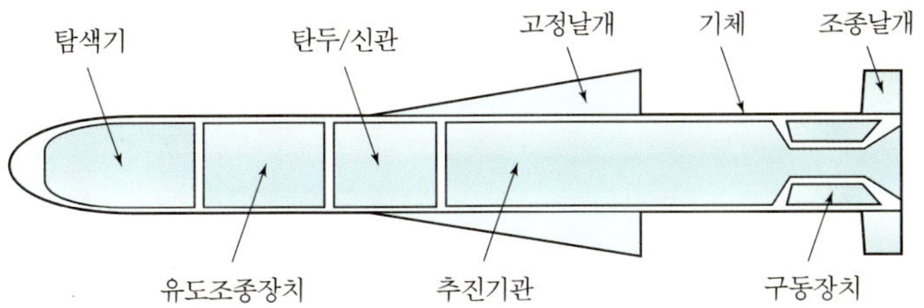

유도탄의 구성 탄두와 신관을 빼면 과학용 로켓과 동일하다.

신호를 교란하는 GPS 재밍jamming을 하고, 공격하는 측은 재밍에 대항하는 항재밍anti-jamming을 연구하는 등 공격자와 수비자 간에 기술적 공방이 치열하게 전개되고 있다.

국방과학기술로 개발된 GPS는 오늘날 자동차, 항공기, 선박 등의 내비게이터, 측량 및 계측기기, 스마트폰 등에 활용되어 산업과 일상생활에 큰 변화를 일으키고 있다. 북한의 GPS 재머jammer 실험으로 일부 지역에서 많은 장비들이 한때 항법 장애를 겪었다는 보도는 GPS의 폭넓은 용도를 시사하는 사례이다.

연구는 독학

1970년대 초반에는 연구개발 경험과 지식이 축적되어 있지 않았고, 직무 체계가 정비되어 있지 않았다. 선배로부터 도움을 받을 수 있는 상황이 아니었으며, 참고할 선례조차 없었다. 그저 선진국의 무기 체계 그림이나 자료를 통해 어깨너머로 독학하며 개척해야 했다.

국방과학연구소 산하에 항공사업부가 조직되고, 유도탄 부체계副體系, subsystem 별로 책임자가 임명되어 연구개발 업무를 활발히 진행하고 있었지만, 각 연구원에게 연구 주제 제목만 하나 주었지, 무엇을 어떻게 해오라는 세세한 업무 지시는 거의 없었다. 그렇다 보니 각자에게 부여된 직무를 명확히 체계화할 수 없었다.

이러한 초창기 환경은 연구원들의 근무 분위기와 행태에도 영향을 주었다. 유도탄이라는 큰 연구개발 목표는 분명하니까, 그저 무엇이 필요하겠구나 각자 판단하여 연구했다. 완전히 스스로 연구해야 하는 환경이어서, 업무에 대한 관심이 적거나 무엇을 해야 할지 잘 모르는 일부 연구원이 노는 경우도 있었다.

그러나 이것은 창의적이고 자유분방한 연구소의 어쩔 수 없는 한 속성이었던 것 같다. 철저하게 관리되는 조직에서도 전원이 똑같은 실적을 올리지는 못한다. 파레토 법칙에 따르면 어떤 조직을 유지하는 것은 상위 20% 인력으로 이들이 대부분의 중요 역할을 한다는 것이다.

연구를 독학에 의존하면 창의적인 사고가 유발되기도 하지만, 많은 경우 효율이 떨어지고 때로는 무지로 인해 결정적인 실수를 범하기도 한다.

로켓이 어디로 날아갔지?

한편 우리 부서의 간부들은 사업 기획, 계획과 사업 추진 방안을 짜기 위해 바쁜 나날을 보내고 있었다. 목표는 사거리 200km 수준의 국산 유도탄을 5년 이내에 개발하는 것이었다.

그런데 유도탄의 구성품인 추진기관의 지상연소시험을 하기 위한 연소시험장이 1974년 당시에는 없었다. 1974년 가을 우리는 군의 훈련사격장이기도 한 경기도 포천군의 다락대 한쪽 언덕에 임시 노천 연소시험대를 만들었다. 여기서 국내에서 구할 수 있는 호크Hawk 유도탄의 추진기관을 고정시키고 연소시험을 하다가, 불이 붙은 추진기관이 연소시험대를 이탈하여 제멋대로 날뛰는 바람에 혼비백산하여 대피한 적도 있었다. 그 후 태릉에 있던 원자력연구소의 한 구석에 지상연소시험장을 설치 운영하게 되어, 홍릉의 연구원들이 태릉 연소시험장에 숙직을 하러 가곤 했다.

물론 비행시험을 할 수 있는 시험장도 없어서, 1974년 12월에는 미군들이 훈련사격을 하는 충남 대천 앞바다에 가서 국방과학연구소가 XGM사업과 병행하여 수행한 XFR사업에서 처음 시제한 로켓(홍능1호)을 발사하기도 했다. 그런데 이때 시험사격한 로켓이 똑바로 비행한 것처럼 보였지만 탄도분산彈道分散, dispersion을 일으키며 예상한 탄도를 벗어나는 통에 레

국방과학연구소가 최초로 설계한 로켓 홍능1호의 비행시험 1974년 12월 충남 대천 해변에서 실시되었다.

이더로 추적하지 못하여 어디로 날아갔는지 알 수 없었다.

이 사건을 계기로 나는 일생동안 탄도분산이라는 테마에 관심을 갖고 연구하게 되었다.

선진국들의 견제

유도탄 개발과 제작을 위한 기술과 장비, 시설 등 모든 것이 턱없이 부족한 당시였지만 유도탄 체계, 기체 및 공력空力 설계, 유도조종, 항법, 추진기관, 그리고 발사대와 발사통제장치 등 분야별로 백여 명의 젊은 연구원들이 설계 개발에 참여하며, 필요한 부품과 시설의 획득 방안 등을 찾아 고민하고 있었다.

연구원들은 유도탄의 각 분야마다 연구개발 실력을 배양하고 기술을 검증하기 위해 각 부체계와 로켓을 시험 제작하여 지상연소시험, 그리고 환경시험과 같은 실험실 내 시험과 비행시험 등 가능한 방법을 찾아 수행했다. 우리 부서의 간부들은 이러한 시제품을 신속히 개발하기 위해 많은 고민을 하며, 국내에는 관련 오퍼상도 없던 시절에 세계 시장을 헤매고 다녔다. 예를 들어, 유도탄 추진기관을 제작하기 위해서는 여러 분야의 기술과 함께 추진제가 필요하고 추진제를 충전할 연소관과 노즐, 그리고 추진제 충전장비와 시설 등을 갖추어야 하는데, 그 당시에는 완전히 백지상태였다.

때마침 판매 시장에 나온 미국의 한 추진기관 방산업체, 록히드프로펄션 사LPC: Lockheed Propulsion Company를 교섭한 결과, 그 회사의 추진제 충전장비와 시설들을 뜯어 와서 1977년 대전기계창에 설치할 수 있었다. 이른바 '개라지 세일garage sale'에서 쓸 만한 물건을 값싸게 건진 것과 같은 큰 행운이었다. 이때 우리 연구소의 추진기관 개발 책임자는 미국의 록히드프로펄션 사의 도서실 자료까지 인수하는 기민함도 발휘하여 기술개발에 기여했다. 그러나 추진제 기술 자체에서는 미국 정부의 수출 거부로 기술 도입선이 프랑스로 바뀌었다. 몇 년 뒤의 일이지만 현무 유도탄의 핵심 부품인 관성항법장치의 기술 도입선은 영국이 되었다.

미국 정부는 한국의 국방과학연구소가 프랑스나 영국과 거래하는 것도 반대하여 프랑스와 영국의 회사들에 압력을 넣어 한국이 필요로 하는 기술은 팔지 못하게 했다. 이렇게 부족한 부분은 모험 정신으로 가득 찬 연구원들이 백지상태에서 개발해 메워나갔다. 사실 거래 계약도 부품과 용역 구입으로 '기술 거래'는 아니었는데, 한국이 필요로 한 것은 한번 사용하면 그만인 부품 자체가 아니고 그 부품을 설계, 제작하고 정비할 수 있는 기술이었다.

1970년대 당시만 해도 어쨌든 방위산업 관련 거래가 어렵지만 가능했으나, 1987년 MTCR(Missile Technology Control Regime, 미사일기술통제체제)이 결성되어 국제적으로 확산 방지 통제가 시작된 후부터는 핵심 기술의 도입이 거의 불가능해졌다. 한 예로 미국은 1989년 현무 유도탄 생산용 핵심 부품의 한국에 대한 수출 승인을 거부했다. 그로 인해 1990년 한국은 어쩔 수 없이 '제2차 한·미 미사일 양해각서'를 맺게 되어 현무 유도탄의 최대사거리를 180km로 제한함과 동시에, 미국이 요구한 현장검증 사찰 방문을 수용할 수밖에 없었다.

1990년대에 한·러 경제협력차관과 관련한 국방 분야의 계약으로 한국인들이 러시아를 방문했을 때, 러시아 측은 한국 측 연구원들이 전시 현장에 접근하는 것을 때때로 금했다. 한국의 연구원들은 한 번 보기만 하면 자기네보다 더 잘 만들어낸다고 생각했기 때문이었다.

사실 커닝을 잘하려면 뚜렷한 목표 의식과 함께 곁눈질로도 금방 알아챌 수 있는 안목을 가져야 하는데, 1990년대 한국 연구원들의 실력은 그러한 수준을 훨씬 뛰어넘고 있었다.

대전기계창과 안흥시험장

항공사업부는 본격적으로 유도탄을 개발하기 위해 더 많은 인력과 장비, 시설을 필요로 하게 되었다. 이에 따라 비좁은 홍릉 지역을 벗어나 대덕연구단지 옆에 대전기계창의 건설을 계획하는 한편, 비행시험평가를 하기 위한 시험장을 충남 안흥에 건설하기 시작했다.

안흥시험장에서는 유도탄 시험임무통제센터MCC: Mission Control Center를 설계, 건설해야 했는데, 세계 시장을 헤매던 연구소의 간부들이 미국 앨라배마 주 헌츠빌에 있는 한 회사와 계약을 맺어 해결할 수 있었다. 충남 태안에서 안흥 항구까지 약 15km의 포장도로를 일찍이 35년 전에 건설한 것은 오로지 안흥시험장을 위해서였다. 이렇게 각 분야에서 유도탄 개발계획이 굉장히 빠른 속도로 차질 없이 진행된 것은 연구소를 수시로 방문했던 박정희 대통령의 전폭적인 지원 때문이었다.

이 기간은 매년 신규 인력이 채용되고 연구 조직이 팽창되던 때로, 연구개발 조직에서 일상적으로 나타나는 문제점은 거의 없었다. 당시 연구소 관리자들은 조직의 정원 문제, 예산 확보, 그리고 신진대사, 자리다툼이나 구조 조정과 같은 관리상의 고민은 접어두고, 계속 건물을 신축하고 전진하기만 하면 된다는 입장이었다.

한편, 국방과학연구소에 대한 대통령의 전폭적인 지원은 외부인들에게 편애로 여겨졌고, 특히 1980년대에 들어 연구소가 어려움을 겪는 역효과를 가져오기도 했다.

미국 미사일 개발 역사의 현장에 가다

모든 선진국은 후진국에 대해 견제와 동시에 협력도 하는 양면성을 띠고 있다.
초강대국 미국과의 교류가 시작되었고, 나에게도 미국 파견 근무 기회가 주어졌다.

미국과의 기술 교류

유도탄 개발을 추진하던 국방과학연구소는 선진국인 미국과 어떻게든 교류를 하여 기술자료를 입수하고자 노력했다. 그 결과, 1972년 한·미 간에 과학기술자교환협정(E-SEP협정)이 체결되어 국방과학 분야의 자료 교환과 연구원의 교환 근무가 가능해졌다.

나에게도 1975년 3월부터 6개월간 미국 육군의 유도탄 연구소인 유도탄사령부MICOM: Missile Command에서 교환 근무할 기회가 주어졌다. 유도탄사령부는 미국 앨라배마 주 헌츠빌Huntsville 시 인근의 레드스톤 조병창Redstone Arsenal에 있는데, 이 일대는 미국의 유도무기와 우주 발사체 개발에 있어서 요람과 같은 곳이었다.

사실 선진국인 미국도 유도무기와 우주 발사체를 본격적으로 개발하기 시작한 것은 제2차 세계대전 이후로 그 역사가 그리 길지 않다. 미국의 로켓 개발 역사는 독일에서 V2를 개발했던 베르너 폰 브라운Wernher von Braun, 그리고 그가 미국에서 활동했던 화이트샌즈 미사일 시험장WSMR: White Sands Missile Range과 레드스톤 조병창, 그리고 로켓 발사장인 플로리다 주의 케이프커내버럴Cape Canaveral을 빼놓고는 이야기할 수 없다.

그런데 나는 운 좋게 이곳에서 몇 달간 파견 근무도 했고, 미국인들과 같이 시험을 하는 기회를 가졌다.

4

화이트샌즈 미사일 시험장 뉴멕시코 주에 있는 세계 최고의 미사일 시험 시설로 전라북도 크기만 하다. 흰색의 석고질 사막인 화이트샌즈 국립공원이 시험장 내에 있다.

레드스톤 조병창 1975년

나는 6개월 교환 근무를 하기 위해 1975년 3월 레드스톤 조병창이 있는 미국 앨라배마 주 헌츠빌로 날아갔다. 거의 하루 종일 비행기를 탔는데, 미국의 공항과 비교해보니 김포공항은 말 그대로 시골 정거장 같았다.

레드스톤 조병창은 제2차 세계대전 때 화학 병기와 포탄을 생산하던 곳으로 전후에는 폰 브라운을 비롯한 미국 육군 유도탄개발팀의 본거지인 유도탄사령부가 들어서 미국 유도무기 개발의 발상지가 되었다. 또 이곳은 NASA의 연구소가 자리 잡아 우주 발사체 개발의 중심지이기도 했다. 로켓의 대부 폰 브라운은 여기서 그의 전성기를 보내며 아폴로 우주 발사체 새턴V를 쏘아 올렸다. 폰 브라운은 기술적으로, 그리고 프로젝트 매니저로 매우 유능하고 훌륭한 인물이었다. 나는 운 좋게 그의 활동 무대에서 교환 근무를 하게 된 것이다.

헌츠빌의 아폴로 우주 발사체 실물 모형 헌츠빌은 미사일과 우주 항공 산업의 중심 도시로 남서쪽 인근에 레드스톤 조병창이 있다.

연구소의 소장 격인 유도탄사령부의 사령관은 현역 장군이 맡는 보직으로 수년마다 교체되었고, 부소장은 민간인으로 한 사람이 오랫동안 재직하고 있었다. 이곳은 내가 한국에서 로켓 설계 시 사용하던 『공학설계 핸드북』을 만든 곳이기도 했다.

유도탄사령부는 협정에 따라 한국 연구원의 교환 근무를 받아들였으나 자료와 기술의 유출에 대해 매우 경계했다. 그러나 걸음마 단계인 한국 국방과학연구소의 젊은 연구원에 대해 개인적으로는 호기심을 가지며 많은 협조를 해주기도 했다. 나는 그들의 협조로 테네시 주의 풍부한 전력을 이용하는 대형 풍동wind tunnel을 견학하러 그 유명한 아놀드엔지니어링센터Arnold Engineering Center를 방문하기도 했는데, 그들의 투자 규모에 대해서는 놀라지 않을 수 없었다. 그 대형 초음속 풍동은 한국이 건설을 추진 중이던 수십 초 실험할 수 있는 불어내기식blow down의 풍동이 아니고, 시간제한 없이 하루 종일도 시험이 가능한 연속식continuous의 초대형 풍동 시설이었다.

내가 머물던 유도탄사령부 사무실의 아래층에는 작업장이 있었다. 하루는 이 작업장의 격리된 보안 구역에서 어떤 로켓 체계를 분해하여 분석 작업을 하는 것을 보게 되었다. 나중에 귀국하여 알게 되었지만, 미국 측은 월남전에서의 교훈으로 그 당시부터 미국형 다연장로켓의 개발을 계획하고 있었고, 참고로 하기 위해 당시 가장 우수했던 적성국의 다연장로켓(방사포라고 한다) BM-21을 획득하여 분해 분석을 하고 있었던 것이다.

레드스톤 조병창 미 육군의 유도탄사령부와 NASA의 조지마셜 우주항공센터가 자리 잡고 있다.

레드스톤 조병창의 기숙사와 골프장

나는 교환 근무 기회를 최대로 활용하여 자료를 수집하고, 빨리 돌아가서 유도탄 개발에 기여해야 한다는 일념으로, 낯선 곳에서의 외로운 기숙사 생활을 이겨낼 수 있었다. 기숙사가 레드스톤 조병창 구내의 넓은 골프장 바로 옆에 있어서 골프를 배우려면 얼마든지 배울 수 있었지만 나는 전혀 관심을 두지 않았다.

연구소의 미국인들은 주 5일 근무를 하며 여유가 많아 보였다. 그래서 일주일에 6일씩 야근하며 열심히 노력하면 한국도 언젠가 미국을 따라잡을 수 있지 않을까 하는 소박한 생각을 하기도 했다.

당시 나는 어느 네덜란드 사람에게서 300달러를 주고 옛날 미국 영화에 나오는 8기통의 큰 중고차, 폰티액 카탈리나를 사서 출퇴근에 사용했다. 가끔 시동이 안 걸려서 속을 썩였지만, 체류 기간 동안 잘 사용했다. 그 당시에 미국 현지의 운전면허 필기시험과 주행시험을 치르고 면허증을 땄는데, 처음으로 큰 차를 운전하는 내 운전 실력이 음주 운전처럼 보였는지 경찰차가 시내에서 기숙사까지 내내 뒤따라오더니, 내가 차에서 내려 멀쩡하게 걸어서 집으로 들어가는 것을 보고는 아무 말 없이 돌아간 적도 있었다.

폰티액 카탈리나 (1975) 저자가 미육군 유도탄사령부 근무 때 타고 다녔다.

미국인의 자부심

사무실의 내 옆자리에는 한국의 연구소에서 우리 팀이 사용하던 유도탄 설계 시뮬레이션 프로그램을 작성한 바로 그 사람이 근무하고 있었다. 그 미국인의 할아버지는 인디언이었다. 그는 동양인인 나에 대해 특별한 관심을 보이며 집으로 초대까지 해주었다. 나도 유럽 침입자에게 완전히 정복당한 인디언의 역사와 보호구역에 갇혀 사는 인디언들이 생각나서 왠지 그에게 동족 의식 비슷한 친근감을 느꼈다. 피정복민인 인디언의 후예였지만 그는 미국인으로서 자부심이 매우 컸다. 미국에서 법적으로는 인종차별이 없어졌으나 현실적으로는 차별이 눈에 보였고, 불문율처럼 어느 지역과 식당에는 유색인들만 출입하고 있었다.

그러한 인종차별에도 불구하고, 모든 국민들이 세계에서 유일무이하게 1969년 7월 20일 최초로 인간을 달에 착륙시킨 자기네 나라 미국에 대하여 뚜렷한 자부심을 갖고 있음을 느낄 수 있었다.

인류 최초의 달 착륙 미국 자존심의 원천이었던 달 착륙 우주선 아폴로 11호는 폰 브라운의 지휘하에 레드스톤 조병창에서 개발한 새턴V 로켓에 의해 발사되었다.

30년은 충분한 시간

한편 내가 교환 근무를 하던 당시 미국의 유도탄 개발 역사는 30년에 불과했다. 1945년 제2차 세계대전 말에 전리품으로 독일의 과학자들과 그들이 만든 로켓을 들여오면서 본격적인 연구가 시작된 것이다. 어떻게 미국은 30년 만에 우주인을 달나라에 보내는 성과를 달성하고, 그 기술과 노하우를 체계system화했을까?

이들이 달성한 기적의 배경에는 교육이 있었다. 그들은 이미 1950년대에 유도탄을 설계하는 우수한 교과서를 만들어 교육시켰으며, 1960년대에는 방대한 양의 핸드북을 발간했다.

미국이 이룩한 기적의 또 다른 배경에는 투자와 인력이 있었다. 연구개발에 종사하는 인력의 규모가 상상을 초월할 정도로 컸던 것이다. 유도탄 사령부가 있는 헌츠빌 주변에는 수많은 방산업체 연구소들이 산재했고, 전국의 모든 대학들이 국방 연구에 참여했다. 이처럼 국방 연구개발에 거국적인 투자와 지원이 있었다. 제2차 세계대전 종전을 기점으로 미국과 한국의 30년은 시간상으로는 같았지만 질적으로는 전혀 달랐다. 하지만 앞으로 한국의 30년도 역시 마음먹기에 따라서는 국방 연구개발에 충분한 시간일 것이라고 생각했다.

한편 1975년 당시 미국 시장의 저가 상품에는 한국산이 많았다. 한 장에 50센트짜리 와이셔츠도 있었고 농구공과 야구 글러브도 볼 수 있었다. 이렇게 어렵게 벌어들인 달러를 국가로부터 받았다고 생각하니, 나는 함부로 돈을 쓸 수 없었다.

TIP

폰 브라운과 미국의 유도무기 개발 현장

미국 유도무기 시험평가의 요람, 화이트샌즈 미사일 시험장

미국인들이 '위스머WSMR' 라고 부르는 화이트샌즈 미사일 시험장은 화이트샌즈 국립공원을 중심으로 인접한 포트블리스Fort Bliss, 도너애너Dona Ana, 앨라모고도Alamogordo 등을 포함한 광활한 지역으로 1945년 2월 8일 군사 지역으로 공포되었다. 1945년 6월 공사를 시작하면서 처음에는 화이트샌즈 입증시험장WSPG: White Sands Proving Ground이라는 이름이 붙여졌다.

폰 브라운은 제2차 세계대전 종전 직후인 1945년 9월 이 시험장의 포트블리스에 도착했고, 1946년 2월까지는 그를 포함한 118명의 독일 미사일 기술자가 여권도 비자도 없이 미국에 들어와 포트블리스에 정착하게 되었다. 포트블리스는 뉴멕시코 주와 텍사스 주 양쪽에 걸쳐 있는 면적 4,400km²의 육군 시설이다. 그들은 공식적으로

V2 로켓 실물 모형(화이트샌즈 시험장) 설계자인 폰 브라운은 후에 이를 토대로 레드스톤 미사일, 새턴 우주로켓 등을 설계했다.

는 미육군성 특수고용인 부서 자격으로 입국했다. 그들은 포트블리스와 화이트샌즈 미사일 시험장에서 일을 했다. 처음에는 미군의 자문에 응하는 한편 미국이 독일에서 가져온 100기 분량의 V2를 조립했고, 이것들을 발사하는 일을 도왔다. 미국 내에서 이들의 존재는 일 년 이상 비밀에 부쳐졌다.

미국 유도무기 개발의 요람, 레드스톤 조병창

그 뒤 폰 브라운 팀은 6 · 25전쟁 발발 직전인 1949년 말 앨라배마 주의 헌츠빌에 있는 레드스톤 조병창으로 옮겨 가게 되었다. 이곳에서 이들은 사거리 300km의 레드스톤 미사일 개발 임무를 부여받았다. 컸던 그들의 꿈에 비해 레드스톤 미사일 개발은 성이 차는 일은 아니었지만, 그들에게 V2가 아닌 새로운 로켓을 개발할 수 있게 된 것은 그나마 답답하던 생활에 활기를 넣어주는 사건이었다. 그리고 이것은 그들에게는 새로운 기회의 시작에 불과했다.

레드스톤 미사일 실물 모형(화이트샌즈 시험장) 개발지인 레드스톤 조병창 이름을 따서 명명했다.

새로운 로켓 사업을 맡으면서 폰 브라운은 독일의 페네뮌데Peenemünde에서 V2를 개발할 때 사용하던 방법을 그대로 적용했다. 그는 레드스톤 미사일을 연구개발하고, 시험하고 평가하고, 시험용 원형 미사일을 생산하는 데 필요한 능력을 모두 레드스톤 조병창 내에 키워놓았다. 이러한 인-하우스 능력을 갖추는 것이 나중에 미사일이 양산될 때 생산업체를 선정하고 관리하는 데 크게 유리하다는 것을 V2 경험을 통해 터득하고 있었던 것이다. 폰 브라운이 가지고 있는 능력 중의 하나는 헌츠빌에서 쉽게 고용할 수 있는 보통 노동자들을 양질의 기술 노동력으로 바꾸어놓는 것이었다. 그는 직접 훈련 프로그램을 계획하고, 농장에서 트랙터를 몰던 농부들을 첨단 기술 인력으로 훈련시켰다.

플로리다 주의 케이프커내버럴 발사장

한편 폰 브라운 팀은 1953년 8월 20일, 첫 번째 레드스톤 미사일을 플로리다 주의 케이프커내버럴에서 발사했다. 우연의 일치겠지만, 폰 브라운이 V2를 개발하기 위해 선정했던 페네뮌데 섬과 케이프커내버럴은 둘 다 바다를 낀 곳에 시험장이 건설되었다. 두 지역은 특히 고립되어 있고 접근이 용이하지 않다는 점에서 아주 흡사했다.

그러나 첫 번째 시험비행은 유도조종 시스템에 문제가 생겨 700여 미터를 비행한 후 추락했다. 원격측정 및 결과보고 시스템인 텔레미트리telemetry를 이용하여 원인을 분석했는데, 그에 따르면 일단 로켓은 발사된 후 어느 특정 시점까지는 완벽한 비행을 했다. 텔레미트리 데이터는 보통 가속도, 속도, 엔진 연소실 온도 및 압력, 펌프 회전수, 연료통 압력 등등 로켓의 상태를 알기 위해 필요한 데이터들을 측정하여 무선으로

케이프커내버럴 발사장 플로리다 주의 중앙부 대서양 연안의 모래섬에 자리 잡고 있다.

레드스톤 미사일의 발사 폰 브라운 팀이 케이프커내버럴에서 시험발사를 했다.

지상에 보내는데, 완벽한 비행이 어느 시점부터 깨졌는지에 대한 여러 가지 가정을 해볼 수 있었다. 의심할 만한 원인들을 지상시험을 통해 하나하나 조사해봤으나 적절한 이유를 찾기 힘들었고, 따라서 가장 가능성이 높은 원인을 선정해 바로 그 원인을 제거하는 작업을 하기로 했다.

그때 한 엔지니어가 폰 브라운을 찾아와 만나 보길 원했다. 그는 발사 전 점검 과정에서 어떤 접점이 느슨한 것 같아 조였는데, 그 과정에서 스크루드라이버가 접점에 접촉되었고, 이때 스파크가 튀었다고 했다. 다시 점검해보니 스파크의 영향이 전혀 없는 것 같아 그냥 지나쳤다는 것이다. 폰 브라운은 잠시 생각해보더니 바로 그것이 문제라는 것을 깨달았다. 폰 브라운은 아무것도 고치지 말라고 명령했고, 그 엔지니어에게 샴페인 한 병을 보내주었다. 정직은 항상 보답을 받는다는 것을 모두에게 알리기 위해서였다. 이것이 바로 폰 브라운의 지도력 중의 하나이다. 부하들이 문책을 두려워하지 않고 자발적으로 있는 사실 그대로 말하게 하는 분위기가 기술력과 창조력 못지않게 중요하다는 것을 말해주고 있다.

시간이 지나면서, 레드스톤 미사일은 발사 성공률이 높아졌고, 드디어 발사 지역이 표적 지역보다 덜 위험해졌다. 사실 다른 미사일과 비교할 때 레드스톤은 개발 과정에서도 발사 성공률이 아주 높은 미사일로 정평이 났다. 38기를 발사한 중에서 35기가 완전한 성공을 거두었다. 폰 브라운 그룹이 V2를 개발할 때에는 수없이 시행착오를 거쳤지만, 미국에 온 뒤 개발한 로켓들의 발사 성공률은 타의 추종을 불허했다.

현대 로켓의 대부, 폰 브라운의 마지막

내가 교환 근무로 머물고 있던 레드스톤 조병창은 현대 로켓의 대부인 폰 브라운이 미국에서의 전성기 약 20년을 지낸 곳이었다. 내가 이곳에 오기 3년 전, 1972년에 그는 이곳의 NASA 연구소를 떠나 워싱턴에 있는 방산업체 페어차일드 사의 부사장으로 옮겼다.

워싱턴으로 옮긴 폰 브라운은 연방공화국의 조종사 자격증을 갱신하기 위해 건강진단을 받았다. 그런데 1973년 6월 찍은 X선 사진에서 그의 왼쪽 콩팥 주위에 검은 덩어리가 보였고, 8월22일 존스홉킨스대학병원에서 왼쪽 콩팥 제거 수술을 받았다. 그 후 일상적인 생활을 영위했고, 사냥과 여행도 즐겼다. 그러던 1975년 8월 6일, 존스홉킨스대학병원에서 받은 통상적인 검사에서 그가 대장암에 걸린 것으로 진단이 나왔다. 이틀 후 그는 커다란 악성종양을 제거하기 위해 대장의 대부분을 절제하는 수술을 받았다. 여러 해 전에 간단한 폴립을 제거하지 않은 것이 암으로 바뀌어 대장

폰 브라운의 묘비 왼쪽에 아폴로 11호가 새겨져 있다.

까지 전이되었던 것이다. 대장 절제 수술 이후에도 폰 브라운의 병세는 깊어갔고, 1977년 6월 16일 폰 브라운은 이 세상을 떠났다.

폰 브라운은 제2차 세계대전 중에는 나치스 당원으로 독일군의 승리를 위해 V2 로켓을 개발했고, 독일의 패전 후에는 적국이었던 미국의 위신을 세우기 위해 로켓을 만들었다. 이러한 이력 때문에 미국과 독일 양쪽에서 비난을 받기도 했지만, 그는 인생을 국가가 아닌 과학기술에 걸었고, 현대 로켓의 대부로서 커다란 업적을 남겼다.

정규수, 『로켓, 꿈을 쏘다』(웅진씽크빅, 2010)에서 인용

최초의 국산 유도탄, 백곰의 비상

내가 미국 교환 근무를 끝내고 돌아오자,
대전기계창에서는 백곰사업이 속도를 더해가고 있었다.
숱한 곡절을 겪은 끝에 대통령이 참석한 공개시사회에서 백곰은 화려하게 비상했다.
유도탄 G7 국가로 진입하는 순간이었다.

대전기계창 1977년

백곰 유도탄 개발은 빠르게 진척되고 있었다. 미국 유도탄사령부에서의 6개월 교환 근무를 끝내고 복귀한 나는, 1976년 말 서울에서 대전기계창으로 이사했다. 당시 대전기계창에는 금병산 밑의 1연구동과 무내미 계곡 옆에 기숙사 몇 동이 있었고, 그 중간에 영빈관과 지금은 사무실로 바뀐 식당과 배차실, 그리고 미국 회사와 계약을 맺어 건설 중인 초음속 풍동이 시설의 전부였다.

초음속 풍동이란 작은 모형을 장착하고 바람을 초음속으로 보내며 그 모형에 걸리는 힘과 모멘트를 측정하여 공력계수空力係數를 산출하게 해주는 실험 시설로, 실제 물체가 운동할 때 어떻게 움직일 것인가를 시뮬레이션 하는 데 반드시 필요하다. 아음속 풍동은 자동차의 형상을 설계할 때에도 필수적으로 사용되는 실험 시설이다.

풍동 시설 건설에 이어서 현재의 대식당 옆에 있던 P지역에 미국의 도산한 회사 록히드프로펄션 사로부터 도입한 중고품인 추진제 충전장비와 시설을 설치했다. 추진제의 종류에는 액체와 고체가 있다. 1950년대 이후 군사용으로는 주로 고체 추진제를 사용하고 있는데, 연구소에 설치한 장비와 시설은 고체 추진제용이었다. 록히드프로펄션 사에서 도입한 중고품 중에는 전문 학술지 등의 기술자료들도 있어서 연구원들이 독학을 하는 데 많은 도움이 되었다.

1연구동 연구실에서 야근을 하고 한밤중에 기숙사로 걸어 내려가노라면 주변이 칠흑같이 어두워 더듬거리며 길을 찾았는데, 하늘에는 보석 같은 별들이 촘촘히 박혀 있었다.

당시 박정희 대통령의 자주국방 염원은 지극하여 대전기계창을 여러 번 방문했고, 시골 벽지에 거주하는 연구원들을 위해 1977년 기숙사 옆에 수영장도 만들어주었다. 기숙사의 젊은 연구원들은 밤이 되면 각 층의 중간에 있는 휴게실에 모여 술을 마시며 떠들기도 했는데, 때로는 다른 사람들이 잠을 잘 수 없을 정도로 시끌벅적했다. 한번은 휴게실의 한밤중 소음이 맞은편의 간부용 기숙사까지 전해져 이튿날 출근해서는 음주 소란자 일동이 불려가 야단을 맞고 시말서를 쓴 적도 있었다. 그 뒤로 어떤 연구원들은 여름이 지나 물을 뺀 수영장에 가서 실컷 떠들며 술을 마시고 기숙사로 올라오곤 했다. 한적한 데다 방음도 잘되는 수영장의 또 다른 용도를 찾아낸 것이다. 아무튼 연구소에 수영장이 있었던 것은 큰 혜택이었다. 그 당시 사설 수영장은 몇몇 재벌가 저택에나 겨우 생기기 시작한 분에 넘치는 시설이었다.

외부인이 출입할 수 없는 산속의 이 수영장은 '귀족들만 즐기는' 대전의 명물 수영장으로, 지금도 기숙사에 거주하는 연구원들과 직원들의 큰 위락 시설로 이용되고 있다. 미국에서 최초의 원자폭탄을 실험했던 사막 한가운데에 연구원들을 위해 1945년에 만들었던 목욕탕만한 작은 수영장과 마찬가지라고나 할까.

국방과학연구소의 기숙사 생활은 대학의 기숙사와 비슷했다. 다만, 두둑한 월급으로 주머니가 불룩해진 연구원들은 유성과 대전역 근처의 음식점이나 술집에 자주 출입했다. 그리고 주말에는 연구원 대부분이 서울 등의 집에 다니러 떠났다가, 일요일 밤에 대전역 앞 홍명상가(현재 목척교) 주차장에서 기숙사행 연구소 버스를 타고 유성을 거쳐 수남리 무내미골로 돌아오곤 했다. 그러나 겨울에는 산속의 추운 기숙사 침대에 웅크리고 누워 한 주의 마무리 잠을 청하기도 했다.

대전기계창의 팽창, 그리고 새끼백곰 시험

1977년과 1978년은 새로운 인력을 많이 채용하여 조직이 팽창되어 가면서 모든 연구원들이 밤새워 일하던 시기였다. 당시의 목표는 1978년 9월 26일에 안흥시험장에서 대통령을 모시고 국산 지대지 유도탄, 백곰의 비행시험을 한다는 것이었다.

1974년에 개발이 시작된 XGM 후속사업을 백곰이라고 했으며, 영문명으로는 외형이 나이키허큘리스Nike-Hercules 유도탄과 같다는 의미인 NH에 한국형이라는 뜻의 K를 붙여 NHK-1이라고 했다. 유도탄의 공개시사회를 계획하면서, 대형 유도탄 백곰 외에 중거리 로켓, 다연장로켓, 대전차로켓도 개발하여 함께 비행시험을 하기로 했다. 대전기계창 연구원들이 이렇게 네 분야로 나뉘어 개발을 분담했지만 가장 중요한 백곰사업에는 대부분 참여했다.

내가 속한 부서에서는 백곰 유도탄의 축소형subscale 비행체를 제작하여 경기도 포천군 다락대에서 사격하며 초기의 비행 안정성을 점검하기도 했다. 축소형 비행시험은 실제 크기의 비행시험에 앞서 실패 확률을 줄이기 위해 거치는 과정이었다. 이때 20% 축소형 비행체의 추진기관 제작에는 국내의 군에서 획득할 수 있는 2.75인치 로켓 추진기관을 활용했다.

당시 시간에 쫓기며 다락대에서 밤낮없이 시험 준비에 매달려 연말을 보냈다. 한겨울 추위 속에 고생하며 실시한 새끼백곰의 비행시험은 매우 성공적이었다. 1단 분리 전후의 비행 안정성을 확인할 수 있었고, 그 결과 다음 해에 실물 크기full-scale의 비행시험을 안심하고 진행시킬 수 있었다. 한 해가 가기 전에 가까스로 시험을 마친 우리는 1977년 12월 31일 세모의 눈길을 헤치며 다락대에서 대전으로 철수하여 새해를 겨우 집에서 보낼 수 있었다.

백곰의 모델 나이키허큘리스 지대공 미사일이지만 지대지용으로 쓸 수 있는 옵션을 가지고 있어 1970년대 백곰 개발 시 이를 모방했다.

짝퉁은 사기꾼이 하는 짓?

당시 미군이 한국에 들여온 로켓과 미사일에는 호크Hawk와 나이키허큘리스 지대공 미사일, 그리고 어니스트존Honest John과 2.75인치 로켓이 있어서, 그나마 이것들을 한국 사람들이 만져볼 수 있었다. 그래서 1974년에 실시한 추진기관의 시험평가 연습도 호크 미사일의 추진기관으로 했던 것이다.

약칭이 NH인 나이키허큘리스 미사일은 최대사거리가 140km 이상인 지대공 미사일로 미국에서 1958년 개발이 완료되어 운용되기 시작했다. 2단 고체 추진기관으로 추진되는데, 1단 추진기관은 4개의 추진기관이 묶여 있는 클러스터cluster 형태이다. 유도 방식은 두 개의 레이더를 사용하여 사격한 미사일과 날아오는 표적을 각각 추적하고 컴퓨터로 계산하여 필요한 조종 명령을 비행 중인 미사일에 전달함으로써 표적으로 유도하여 명중시키는 방식이었다. 즉, 사격 후 망각fire & forget 방식의 유도탄이 아닌 계속 유도조종을 해주는 지령유도command guidance 방식이었다.

한편 날아오는 표적을 맞추는 대신, 적 지역 장거리의 허공에 가짜 표적을 설정하고 이 가짜 표적으로 미사일을 유도한 뒤 조종날개를 0도로 고정하여 비행시키면 일정한 방향으로 지상에 강하하여 건물 표적을 타격할 수도 있는데, 나이키허큘리스 지대공 미사일은 이러한 지대지 유도탄의 옵션을 갖고 있었다. 연구원들이 나이키허큘리스 미사일에서 주목한 것은 바로 이 지대지 유도탄 옵션이었다. 이 옵션을 모방하여 단기간 내에 대한민국 최초의 지대지 유도탄을 개발하고자 했던 것이다.

짝퉁을 만들어 판매하는 것은 분명히 범죄이고 사기이다. 어떤 경우 짝퉁은 악의를 품은 사람들이나 또는 기술과 자본, 그리고 연구개발 또는 생산의 인프라가 신제품을 개발하기에 부족한 경우, 또는 마음이 급한 사람들이 만들어 유통시킨다. 때로는 기술력이 뛰어난 사람들이 만들기도 하는데, 이러한 짝퉁은 오리지널보다 성능이 좋아 '악화가 양화를 구축'하는 양상이 된다. 여하튼 '짝퉁'은 사기이다.

그러나 물이 위에서 아래로 흐르듯 앞선 제품을 모방하는 것은 연구개발 과정에서 흔히 거치는 자연스러운 과정이다. 모방의 과정을 거치지 않고 창조한다는 것이 가능할까? 모방 없는 창조는 신만이 할 수 있다. 사람이 하는 창조란, 참고할 만한 것은 모두 섭렵한 뒤 전보다 더 좋고 새로운 것을 연구개발하는 일이라고 정의할 수도 있다.

아기가 처음부터 걸을 수 없는 것처럼, 미국과 구소련도 독일의 V2 로켓을 모방하는 것조차 어려워서 가장 빠른 방법으로 그 연구개발자들을 모셔다가 배워가며 자기들의 '짝퉁' 로켓을 창조해갔던 것이다. 모방할 수 있는 능력, 그중에서도 책이나 기술자료만 가지고 자체적으로 만들어서 사용할 수 있는 능력은 선생님에 버금가는 실력이라고 할 수 있다.

박정희 대통령의 구상, 백곰 비상 준비

연구원 모두가 백곰 개발에 매진한 결과 1977년도에는 각 부체계마다 단계별 시험을 마쳤다. 같은 해 안흥시험장도 가동하기 시작하여, 1978년 초에는 각 부체계를 종합하여 조립한 백곰의 비행시험을 할 수 있었다.

그러나 이 모든 것들이 첫 경험이어서 각 분야에서 어설프고 부족한 점들이 속속 드러나기 시작했다. 처음 몇 차례의 백곰 비행시험은 실패의

1978년 밤샘 회의를 하던 영빈관(ADD 1연구동 앞)

연속이었고, 1978년 5월의 비행시험에서는 앞으로 날아가야 할 유도탄이 발사장 뒤쪽에 떨어지는 어처구니없는 사태가 발생하기도 했다. 이렇게 비행시험을 거의 매달 하면서 실패 원인을 분석하고 대책을 수립하기 위해 많은 연구원들이 밤을 새워가며 토의했다.

연구동 앞 언덕 위에 있는 영빈관에서는 여러 번 밤늦도록 회의가 이어졌다. 당시 대전기계창에는 초조한 기운이 짙게 드리웠고, 모든 간부들도 안절부절못했다. 실패 원인을 찾기 위해 각 부체계를 반복하여 점검했다. 나중에는 불똥이 튈 것을 걱정한 부서장들이 산하의 연구원들에게 함구령을 내려서 회의석상에서 원인 분석 결과를 함부로 얘기할 수도 없었다. 그런 뒤 각 부서로 돌아가서는 남몰래 자기네 분야에는 실수가 없었는지, 개선할 것은 무엇인지 검토했다.

아래 그림은 나의 1975년 연구노트인데, 사실 나는 그때부터 백곰 유도탄이 발사장의 뒤쪽에 떨어지는 상황을 시뮬레이션 하고 있었다. 백곰 유도탄은 1단 부스터booster가 4개의 추진기관이 한 다발로 묶인 클러스터 형태로 되어 있기 때문에, 추진기관 중 하나라도 이상이 있으면 문제가 발생하게 되어 있었다. 예를 들어 한 추진기관이 점화가 안 되거나 늦게 점화

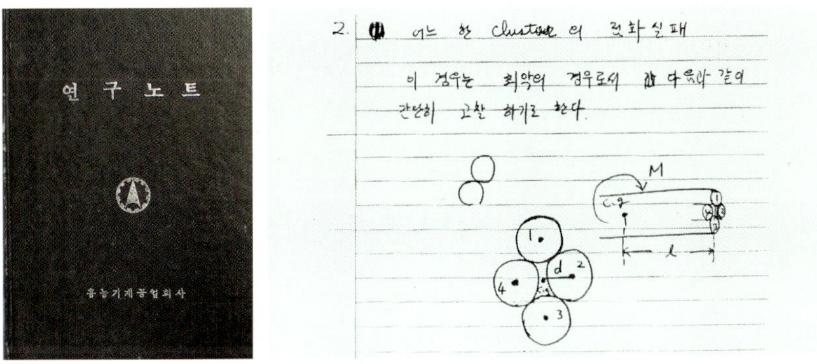

저자의 연구노트 1975 클러스터로 된 부스터의 점화 실패 결과를 해석하는 내용이 적혀 있다.

되든지 또는 다른 것과 추력이 크게 다르든지 하면 불상사가 발생했다. 이러한 문제를 방지하기 위해서는 1단 부스터를 구성하는 4개의 추진기관이 모두 신뢰성 있게, 동시에 점화되는 것이 중요했다. 그 뒤 백곰의 후속 체계인 현무에서는 1단 추진기관이 싱글single 부스터로 바뀌면서 클러스터 형태에서 비롯된 이러한 문제가 사라졌다.

여하튼 실패 원인을 분석하기 위한 별도의 회의에서나마 솔직한 검토를 했기 때문에 늦게라도 문제점을 식별하고 개선해나갈 수 있었다. 몇 차례 더 비행시험 확인을 한 뒤, 드디어 1978년 9월 26일 박정희 대통령을 모시고 국산 지대지 유도탄 백곰의 공개시사회를 하게 되었다.

이러한 우여곡절, 숱한 시행착오와 개선, 그리고 많은 연구원들의 고생은 백곰과 병행하던 다른 프로젝트인 중거리 로켓 황룡, 다연장로켓 구룡, 대전차 로켓 K-LAW(Light weight Anti-tank Weapon)의 개발 과정에서도 마찬가지였다. 젊은 부부가 외부의 도움 없이 시행착오를 해가며 첫 아이를 길러내는 과정이 이와 비슷하지 않을까.

한국 '유도탄 G7'에 입성하다 1978년

1978년 9월 26일 박정희 대통령을 모시고 충남 안흥시험장에서 실시한 국산 로켓 및 유도탄의 공개시사회는 대한민국의 역사상 자주국방의 초석을 마련한 이정표가 되었다. 이날의 비행시험 성공으로 대한민국은 세계에서 7번째 유도탄 개발국이 되었고, 추후 국방과학기술이 발전해나갈 확실한 토대를 구축했다. 2010년 11월 12일 대한민국은 서울에서 G20 정상 회의를 개최함으로써 건국 약 60년 만에 G20회의 의장국으로 선출되는 기적을 달성했는데, 미사일 개발에서는 이미 1978년 9월 26일 G7이 되는 기적을 일궈냈던 것이다.

한국 최초의 미사일 백곰의 공개시사회(1978. 9. 26.) 이날 백곰의 성공적인 발사로 한국이 유도탄 G7에 입성하게 되었다. A. 비상하는 백곰 유도탄 B. 관람석의 박정희 대통령과 ADD 소장 심문택 C. 시험 요원들의 임시 숙소로 빌렸던 모 회사의 연포연수원

당시 안흥시험장에 있던 손님들과 초조했던 모든 연구원들의 감격은 이루 말할 수 없었다. 불가능할 것으로 보였던 국산 로켓 및 유도탄 개발을 황무지 상태에서 약 5년 만에 달성해낸 것이다.

당시 안흥시험장 주변에는 변변한 여관 하나 없었다. 모여든 손님과 연구원들이 숙박할 곳이 부족하여 인근의 연포해수욕장에 있는 모 회사 연수원을 빌려야 했다. 그 연수원은 리모델링을 거쳐 지금도 사용되고 있다.

한국의 성공적인 유도탄 공개시사회를 접하고 매우 놀라 대책을 서두른 것은 북한이었다. 설마 했던 미국 또한 한국이 성공한 것을 보고 축하하기보다는 긴장하며 대책을 세우게 되었다.

국방과학연구소의 전성기에 드리운 암운

국방과학연구소의 전성기, 아쉽게도 너무나 짧았다.
미국 대사의 연구소 방문과 박정희 대통령의 서거는 암운을 몰고 왔다.

국방과학연구소의 전성기

국방과학연구소는 1977년과 1978년에 새로운 인력을 많이 채용하여 조직이 팽창되었고, 모든 연구원들은 밤새워 일을 했다. 단기간에 국산 미사일을 개발하여 1978년 9월 26일 안흥시험장에서 성공적으로 비행시험을 마친 연구원들은 개선장군처럼 대전으로 돌아왔다.

연구원들은 오랜만에 휴식을 취하며, 1978년 가을 저녁에 1연구동 앞의 잔디밭(현재는 충무관이 자리 잡고 있다)에서 잔치를 벌였다. 잔치에는 용도도 모른 채 설계도에 맞춰 부품을 제작해준 방산업체 간부들도 초빙되었다. 많은 연구원들은 포상으로 표창과 특별 승급을 받기도 했다. 국방과학연구소의 모든 직원들이 한껏 보람을 느끼던 시절이었다.

이때까지 백곰사업을 통해 축적된 유도탄 설계, 제작, 시험평가 기술 및

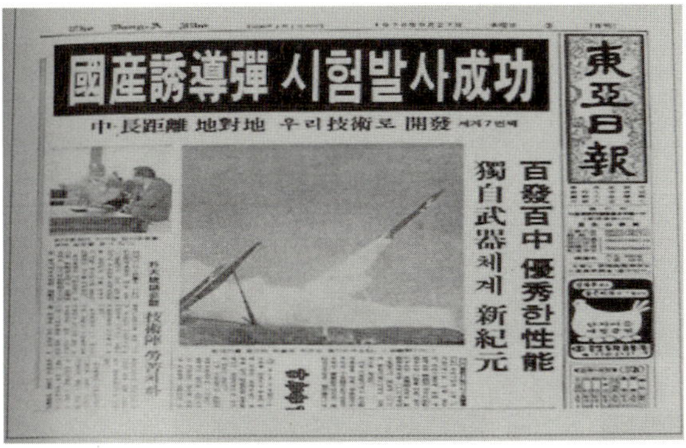

東亞日報

國産誘導彈 시험발사成功

中·長距離 地對地 우리技術로 開發

百發百中 優秀한性能

獨自武器체계 新紀元

신문에 대서특필로 보도된 백곰의 시험발사 성공(1978년 9월 27일자 동아일보)

경험, 그리고 연구소 운영 경험은 이후 대한민국 국방과학기술 개발의 훌륭한 선험적 모델이 되어 지속적으로 영향을 주었고, 이제는 역사의 한 장이 되었다.

몇몇 병행하는 프로젝트가 있었지만, 이렇게 백곰 유도탄 체계 하나를 설계·시제하여 시험평가하고 그에 수반되는 인프라를 구축하기 위해 국방과학연구소에서 필요로 했던 연구 및 연구 지원 인력은 대략 2,000명 수준으로 볼 수 있다. 또한, 그 인적 구성도 매우 다양했다.

시대와 환경이 바뀌었지만, 오늘날 국방과학연구소에서 백곰사업과 유사한 프로젝트를 수행하는 데 투입할 수 있는 인력 규모는 당시의 5%에 불과한 실정이다. 외국의 사례와 함께 과거의 인력 구성과 수준에 대하여 상세하게 분석해보는 것도 가치가 있을 것으로 생각된다. 수십 개의 대형 복합 체계를 연구개발하는 2010년대 국방과학연구소의 인력이 여전히 30년 전과 비슷한 2,000명 수준이라는 것은 이해 불가능한 기적이라고 하지 않을 수 없겠다.

긴장의 1979년

국가 안보가 우려되던 1979년 어느 날, 대전기계창 연구소의 분위기도 어수선했다. 미국 대사 일행의 방문이 있었던 것이다. 거절할 수도 환영할 수도 없었던 방문이었다. 입맛에 맞는 점심을 준비할 수 없다는 핑계로 음식 대접도 하지 않았다. 미국 대사 일행은 샌드위치 도시락을 준비하고 대형 버스 1대와 몇 대의 승용차에 분승하여, 사실상 사찰 방문을 온 것이었다. 이러한 불신에 찬 사찰은 미국과 한국 간에 진정한 의미에서 대등한 동맹 관계가 구축될 때 풀릴 수 있는 문제일 것이다. 바로 이 1979년에 한국이 개발하여 보유하는 탄도미사일의 최대사거리를 180km로 제한한다는 한·미 미사일 양해각서가 체결되었다.

1979년 6월 나는 연구원에서 선임연구원으로 승격하기 위한 심사를 받기 위해 논문을 작성했다. 나의 연구 대상은 1974년 대천 앞바다에서의 홍능1호 비행시험 때 레이더에서 사라진 로켓이었다. 그래서 나의 논문 제목은 「Guided Missile의 Ballistic Phase에서와 Unguided Missile에서의 Dispersion」이었는데, 로켓의 탄도분산이 왜, 어떻게 일어나는가를 다룬 것이다.

이상적인 로켓은 하나의 비행 조건에서는 이론적으로 항상 한 지점으로 비행하게 되어 있다. 하지만 현실 세계에서의 로켓은 동일한 비행 조건에서도 정도 차는 있지만, 매번 다른 곳으로 비행한다. 나의 논문은 이러한 탄도분산의 요인이 무엇이며, 각 요인들이 어떻게 얼마만큼 영향을 주는가, 결과적으로 탄착 정확도를 높이기 위하여 로켓을 어떻게 설계해야 하는가를 연구한 것이었다.

1979년 10월 26일, 자주국방의 기치를 높이 들고 국방과학연구소를 후원하던 박정희 대통령이 김재규의 저격으로 서거했다. 박정희 대통령은 비전을 제시한 훌륭한 지도자이면서 동시에 많은 업보를 쌓았다. 나라를 위한 애국심과 개인적인 욕심이 모두 지나쳐 임기를 계속 연장하며 권좌에서 내려오지 못했다.

여하튼 국방과학연구소는 강력한 후원자를 잃고 유도탄 개발 조직의 해체와 대량 해고 등 예정된 어려움을 맞게 되었다. 한국이 미사일을 개발하는 것을 주변의 모든 나라들이 싫어했던 것이다.

취소된 미사일 개발, 현무로 부활하다

불행이 불행을 낳았지만 한국인은 극복해냈고, 상처를 치유했다.
취소되었던 유도탄 개발 사업은 시련 끝에 극적으로 부활했다.

백곰 공개시사회는 사기극이었다?

1980년 정권이 바뀌면서 미국의 압력에 의해 국방과학연구소의 유도탄 개발 책임자들은 모두 불명예스럽게 물러나야만 했다. 그들에게는 이임사나 남은 연구원들에게 고별인사를 할 수 있는 기회조차 주어지지 않았다. 환송 회식도 할 수 없었다. 10여 명의 핵심 간부들이 어느 날 갑자기 사라진 것이다. 그들이 국방과학연구소의 많은 후배들 앞에 공식적으로 나설 수 있는 기회는 불명예 퇴직 후 무려 약 30년이나 지난 뒤 주어졌다.

여하튼 이 시기부터 약 25년 동안 국방과학연구소의 소장은 예비역 장군 출신이 임명되었다. 연구소의 위상은 군 계급상 소장 내지 중장이 지휘하는 부대 수준에 지나지 않았고, 연구소 소장이 대통령에게 직접 보고하는 기회란 거의 있을 수 없게 되었다. 당시 물러난 핵심 간부들은 후임자들과 단절되고 그들의 소중한 기술과 경험은 사장되고 말았다.

그리고 이상한 소문이 들려왔다. 1978년 9월 26일 실시한 국산 유도탄 백곰의 공개시사회는 미국제 유도탄에 페인트만 새로 칠하여 쏜 사기극이었고 대통령을 기만했다는, 정말 어처구니없는 소문이었지만 함부로 항변할 수도 없는 상황이었다. 비전문가들 사이에서는 백곰이 한국에 배치된 미국산 나이키허큘리스 유도탄과 외형이 같아서 사기극이었다는 설이 사실로 인식되기도 했다.

분야를 막론하고 선진국 제품의 외형을 베끼는 일은 자주 있다. 백곰 유도탄 개발 시 나이키허큘리스의 외형을 베낀 이유는 선진 기술을 습득하고 개발 기간을 단축하기 위한 행운이 따른 선택이었다. 1970년대 당시에 고객을 찾던 미국의 방산업체 맥도넬더글라스 사로부터 운 좋게도 값싸게 획득한 나이키 유도탄 관련 자료가 있었다. 그 외형을 베끼면 매우 유리했다. 예를 들어 유도탄의 비행운동을 시뮬레이션 하는 데 필요한 공력계수들을 풍동 실험 없이 그대로 활용할 수 있었다. 당시 대전기계창에 건설 중이던 삼중 음속(아음속, 천음속, 초음속) 풍동을 사용하여 비행시험을 준비하려면 적어도 3년은 더 기다려야 했었다.

사기극 소문은 남을 헐뜯기 좋아하는 사람들이 내막을 잘 알지도 못하면서 지어낸 유언비어를 연구소를 의심하던 대통령이 잠시 진실로 착각하는 통에 일어난 것이었다. 1970년대에 국방과학연구소가 박정희 대통령에게서 받았던 총애와 연구원들의 교만에 대한 반작용이라고나 할까, 당시에 막 들어서기 시작한 대덕연구단지의 다른 연구소 사람들도 대통령이 국방과학연구소만 편애한다고 불평이 대단했었다.

남을 비난하기 좋아하는 어떤 사람들은 수십 년이 지난 오늘날에도 그 당시 시험한 유도탄이 미국제이며 사기였다고 주장하는데, 1978년 백곰 유도탄의 공개시사회가 사기극이 아니라는 것은 수많은 증인과 함께 나의 연구노트가 입증하는 바와 같다. 백곰 유도탄이 독자적인 국내 개발품이라는 사실은 명백하다.

국방과학연구소의 불행 1982년

1982년은 국방과학연구소와 대한민국에 있어 매우 불행한 해였다. 어느 날 연구원 모두 사표를 제출하라는 지시가 내려왔다. 그리고는 전체 인력의 약 30%에 해당하는 900여 명의 사표를 수리했다. 일부 연구원은 사표 수리 대신 호봉 강등을 감수하고 연구소에 남을 수 있었다. 1978년 9월 26일 백곰 미사일 발사 성공 이후, 미사일 개량을 추진하던 유도탄 개발 조직은 이때 완전히 해체되어버렸다. 모든 연구원들과 간부들이 고통을 겪었다. 남은 사람들은 가족이나 다름없는 동료들을 잘라내고, 그들의 취직자리를 알아보는 안타까운 노력을 했다. 해직된 직원들의 앞날은 캄캄했고, 직원들 간의 갈등은 눈에 보이지 않게 커져갔다. 지난 10년 동안 생사고락을 같이하며 쌓아온 팀워크와 상호 신뢰가 무너지고 있었던 것이다.

이 사건 이후에 새로 부임한 소장이나 국방과학연구소를 아끼는 외부 인사들은 연구원들을 가리켜 모래알 같은 사람들이라고 평하곤 했다. 왜냐하면 같은 연구원들끼리 편을 가르고 화합하지 못했기 때문이었다. 이것은 이공계 전공자 특유의 튀는 속성과 학문적·기술적 소신에서 비롯된 측면이 있지만, 연구원 입장에서 돌아보아도 상호 비방한 사례가 있어 그런 외부의 비난에 항변할 수만도 없었다. 그러나 3명 중 한 명꼴로 직장을 빼앗기는 전쟁을 치른 사람들한테 화합한 모습을 보여달라는 것은 외부의 무리한 주문이었다.

미사일을 개발하던 핵심 간부들이 사라진 1980년에 이어서 이때도 연구소의 많은 젊은 사람들이 전직을 하거나 해외 유학길을 떠났다. 정부 측에서는 월급을 올려주어 남아 있는 직원들을 달랬지만 모두들 주눅이 들어 있었다. 이때의 대량 해고는 전국적인 뉴스가 되었으며, 국방과학연구소가 엘리트 인력한테 외면당하고 신분보장이 안 되는 연구소로 낙인 찍히는 결과를 가져왔다.

1982년은 모험적으로 활기차게 일치단결하여 발전하던 국방과학연구소에 상호 불신과 무사안일의 씨앗을 심어놓은 해였다. 유도탄 개발팀의 해체로 관련 연구개발은 한동안 공백기를 갖게 되었다.

버마 아웅산 테러 참사 1983년

1983년 10월 9일 대통령을 비롯한 우리 정부 대표단이 버마(현재의 미얀마)를 방문하고 있었다. 호시탐탐 대한민국을 노리던 북한은 무장 공비를 버마까지 파견하여, 대통령의 아웅산 묘소 참배를 위해 대기 중이던 우리 수행원들을 대상으로 폭탄을 터트리는 테러를 자행했다.

대한민국의 대통령은 화를 면했으나 각료를 비롯하여 많은 수행원들이 순직하거나 부상을 입었다. 유가족들과 온 국민이 울분을 토했지만 대한민국은 전쟁을 벌일 수 없었고, 실제로 취할 수 있는 조치도 별로 없었다. 무력에 자신만만한 북한은 그들 말로 '본때'를 보여주었고 대한민국은 당할 수밖에 없었다. 그렇다고 해서 북한과 같이 국제 깡패가 될 수는 없었다.

국방과학연구소 직원의 3분의 1 해고를 1년 전에 결정했던 정책 결정권자는 이 "버마 아웅산 테러 사건"을 계기로 1984년부터 유도탄 개발사업을 부활시켜 "현무 유도탄 사업"을 추진하도록 했다. 이로써 미사일 개발을 하지 않겠다고 했던 종전 방침은 취소되었다. 아무리 주변국들이 한국의 미사일 개발을 견제할지라도, 속수무책으로 당할 수만은 없다고 생각했던 것이다.

1982년에 유도탄 개발팀 해체라는 된서리를 맞고 움츠러들었던 연구소는 추스르고 일어났으며, 희생자들의 염원을 받들기 위해서 다시 유도무기 개발팀을 구성했다.

부활된 유도탄 개발사업 현무와 미사일 부대 창설

앞에서 기술한 바와 같이 백곰 유도탄 사업은 박정희 대통령이 암살된 뒤, 1980년에 유도탄 개발을 주도했던 국방과학연구소의 핵심 간부들이 물러나고, 1982년의 대규모 해고 사태와 함께 개발 조직이 없어지며 중단되었다. 대한민국에서 영원히 사라진 것 같던 유도탄 개발사업은 엉뚱하게도 1983년 10월 9일 발생한 '버마 아웅산 테러 사건'을 계기로 부활했다. 1984년에 현무 유도탄 개발사업이 시작된 것이다.

현무 유도탄 체계는 1970년대에 선을 보였던 백곰 유도탄 체계와는 내용 면에서 전혀 달랐다. 백곰이 고정 발사대였던 반면, 현무는 이동형 발사대이며 관성유도방식의 '사격 후 망각' 형 전천후 유도탄 체계였다. 현무도 백곰과 같이 2단으로 구성되어 있지만, 1단의 부스터가 4개의 추진기관으로 묶인 백곰과 달리 하나의 대형 추진기관으로 개량되었다. 그러나 2단 비행체의 외형은 여전히 백곰과 동일했다.

국방과학연구소에서 없어진 1970년대의 항공사업부의 후신이라고 할 수 있는 현무체계부는 방산업체를 직접 관리하며 현무 유도탄을 생산하기 시작했다. 1987년 현무 유도탄의 개발에 성공하면서 현무 미사일 부대를 창설했다.

백곰에서 재탄생한 현무 발사 장면 외형은 나이키허큘리스와 닮았지만 내용물은 전혀 다르다.

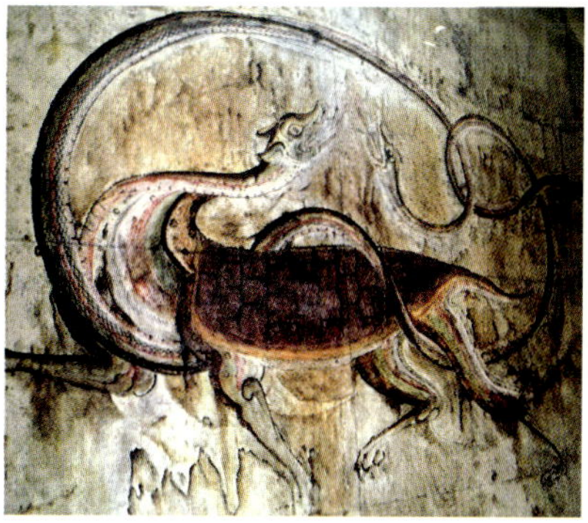

북쪽을 지키는 수호신 현무 뱀이 거북을 휘감은 형상이다.

현무玄武라는 이름은 역사적으로 우리 민족이 수없이 침략을 당한 한반도 북쪽을 수호한다는 뜻으로 채택된 것이다. 단단한 방어용 거북등과 날카로운 뱀과 용의 머리로 합쳐진 상상의 동물 현무에서, 현玄은 북쪽을 뜻하고 무武는 용감한 방어와 공격을 의미한다. 이는 1983년 버마 아웅산 테러 참사의 희생자와 국민적 염원인 북방 수호에 꼭 맞는 이름이었다. 영문명은 백곰의 NHK-1을 이어서 NHK-2로 했다.

'하늘을 나는 거북', 현무라는 이름은 이후 대한민국을 지키는 유도무기의 대명사가 되었다.

한편 일반 방산 물자의 생산 품질관리 활동은 당시의 국방품질관리소가 책임지고 있었는데, 국방품질관리소는 현무 유도탄 생산을 책임질 준비가 되어 있지 않았었다. 그래서 현무는 국방과학연구소가 직접 방산업체와 함께 생산하고 품질관리를 했다. 1984년 유도탄 개발사업이 부활하면서 현무 외에도 지대공 유도탄 천마, 그 후 함대함 유도탄 해성을 개발하는 등 유도무기 개발이 다양화되었다.

연구소의 상처 치유, 한국 선진 사회의 단면

알려진 바와 같이 1982년 국방과학연구소에서는 약 900명이 해직되었다. 사실 그들에게는 해고당할 사유가 전혀 없었고 너무 억울했다. 그중에 많은 사람들이 다른 곳에 취업했지만 잘못도 없이 해고당했다는 것이 불명예로 따라다녔으며, 일부 사람들은 생계 수단을 잃고 가족이 해체되는 불행을 겪었다.

세월이 흐르고 정권이 바뀌면서 당시의 해직자 중 형편이 어려운 사람들이 모이기 시작했다. 1989년 어느 날 그들은 매일 드나들던 연구소 정문에서 데모를 했다. 출퇴근 버스 안에서 옛날 동료들이 데모하는 것을 바라보는 직원들의 가슴도 찢어지는 것 같았다.

연구소 소장은 심사숙고 끝에 이 상처를 그대로 두고 갈 수 없다고 판단했다. 그는 백방으로 다니며 고위층을 설득하고 국회에도 대책을 세울 것을 건의했다. 해직 사건은 옛날에 전임자들이 한 것이라며 들은 척도 않던 사람들이 끈질긴 호소와 설득에 조금씩 움직이기 시작하더니, 불가능할 것 같던 보상 대책이 승인되었다. 미흡하지만 억울하게 해직된 직원들에게 보상을 하며 그들의 크나큰 상처를 어루만져주었다.

이와 같이 법정 판결도 없는 채 취해진 인간적인 보상 조치는 보통의 선진국에서는 보기 어려운 일로, 한국 사회의 한 특징으로 볼 수 있다.

2부

한국, 로켓을 개발하다

한국은 600년 전에 이미 '신기전'이라는 다연장로켓을 개발했다. 그리고 그 후손들은 130mm 현대판 신기전으로 명예로운 전통을 이었다.

한국 최초 130mm 다연장로켓의 역사, 무기 개발의 한살이

한국은 처음으로 로켓 무기를 체계적으로 연구개발 했고,
세계적인 무기연감 『제인』은 그것을 인정했다.

'현대판 신기전' 130mm 다연장로켓 개발 착수

대한민국의 혼란 시기인 1980년대 초에는 많은 연구원들이 고통에 시달리고 방황했으며, 유도탄 개발 조직은 없어지다시피 했다. 이때 나는 다연장로켓 구룡 체계 개발에 주력하게 되었다.

역사적으로 보면 한국은 세계에서 가장 먼저 다연장로켓 무기 체계를 개발한 나라였다. 1448년(세종 30년)에 이름이 등장하기 시작하고 1474년에 간행된 『병기도설』에 규격이 소개된 신기전의 무기 체계 개념은 현대의 다연장로켓의 그것과 정확하게 일치한다. 신기전의 설계 기록에서는 현대 로켓의 금속재 날개에 해당하는 화살의 깃털 날개를 설계할 때 고심한 것을 엿볼 수 있다. 화살에서는 날개의 크기와 위치 그리고 재질 등이

600년 전 조선의 신기전과 '현대판 신기전' 130mm 다연장로켓 A. 신기전은 화약을 달아 쏘던 화살로 현대의 다연장로켓과 원리가 같다. B. 130mm 다연장로켓의 발사대는 9×4의 36개의 발사관으로 설계되었으며, '구룡'이라는 별칭을 가졌다.

중요한데, 신기전의 날개 재질은 새의 깃털, 가죽 또는 나무를 사용했다.

130mm 다연장로켓 발사대는 9×4의 36개 발사관으로 설계한바, 아홉 줄의 발사관에서 발사된 로켓이 마치 용이 승천하는 것과 같다고 하여 "구룡九龍"이라는 이름을 얻게 되었다.

구경이 130mm인 다연장로켓 기본형 체계(구룡1이라고 한다)는 백곰 유도탄 체계보다도 늦게 항공사업부가 대전으로 이전한 1977년부터 개발되기 시작했다. 다연장로켓은 참고할 만한 미국제 로켓이 없는, 주로 공산권에서 유행하는 로켓 체계였다.

공산권의 종주국이었던 구소련은 제2차 세계대전에서 다연장로켓 체계를 잘 활용하여 대규모 독일군을 제압한 경험을 살려, 당시에 세계적으로 가장 우수한 다연장로켓 체계인 구경 122mm BM-21을 개발하여 운용하면서 전 공산권 국가들에 수출했다. BM-21은 2000년대에도 많은 나라들이 운용 중에 있으며, 여러 개량형 버전도 개발되어 있다.

다연장로켓은 0.5초 내지 수 초 만에 한 발씩 발사되어, 기습적으로 대량 화력을 퍼부어 대규모의 병력과 물자를 파괴하는 무기 체계이다. 공산

대신기전(길이 17척)**의 날개** 날개 설계는 고급 기술로 안정적인 탄도를 만들어준다. 대신기전은 로켓 병기로 조선 세종 때 여진족의 침략을 막기 위해 사용되었다는 기록이 있다.

군은 이것을 6·25전쟁에서도 많이 사용했다. 1970년대부터 북한은 이미 구소련의 다연장로켓 체계인 BM-21을 모방하여 자체 버전인 BM-11(북한에서는 방사포라고 한다)을 생산하고 있었다.

미국은 월남전에서 베트남이 사용한 BM-21의 위력을 인식하고, 한국과 비슷한 시기인 1970년대에 다연장로켓 체계의 개발을 계획했다. 미국은 최종적으로 구경 227mm의 다연장로켓을 설계하여 1983년에 MLRS (Multiple Launch Rocket System) 기본형 체계를 개발했는데, 개발 검토 단계에서 한국과 미국 모두 월남전에서 노획한 구소련이 개발한 BM-21 다연장로켓 체계를 참조했다. 국방과학연구소의 다연장로켓 개발팀은 육군사관학교 박물관에 보관되어 있던 BM-21 다연장로켓을 대출하여 분석하고 참조했다.

구소련의 다연장로켓 BM-21 1960년대 초 개발된 122mm 다연장로켓 발사대로 북한이 연평도 공격(2010년)에 사용한 것과 동일하다.

전통을 파괴한 다연장로켓 날개 설계

무엇인가를 처음 시도할 때 실패 위험을 줄이고자 앞서 성공하고 검증된 것을 따라가려는 발상은 당연하다. 그러나 어떤 경우에는 기술, 비용 등의 사유로 모방하지 못하거나, 독자적인 새로운 방법으로 유사하게 만들어내기도 한다.

130mm 다연장로켓에는 개발 시 참조했던 구소련의 BM-21 로켓과는 전혀 다르지만 위와 같은 모방과 창조의 과정을 거친 부분이 있다. 예를 들면 로켓 날개의 형상이 그러했다. 그 당시 유행하는 다연장로켓 날개의 형상 패턴은 WAF(Wrap Around Fin)라고 하는 '굴곡형의 앞부분이 후퇴된 sweep back leading edge' 형상이었고, 2000년대인 지금도 대부분 그러하다. 그래서 한국의 130mm 다연장로켓 날개의 처음 형상도 당연히 앞에서 언급한 바와 같은 WAF 형상이었다.

로켓 시제품을 안흥시험장에서 비행시험하고 분석해보니 많이 개선할 필요가 있었다. 그중 하나는 날개를 균일하게 제작해야 한다는 점이었다.

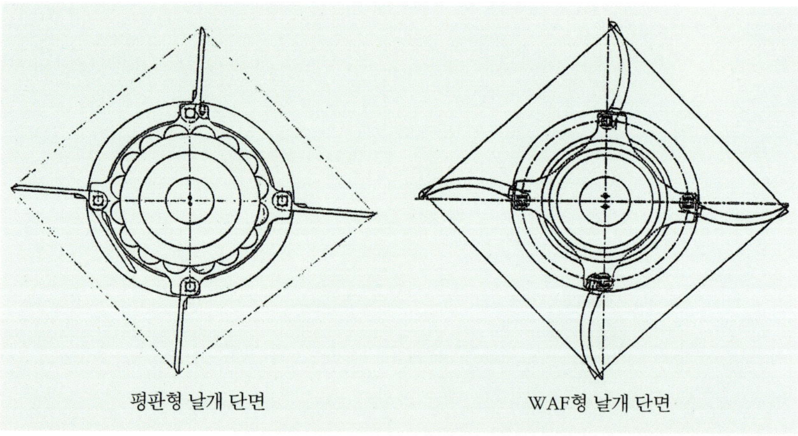

한국 다연장로켓 날개의 단면(평판형)　　다연장로켓의 전형적인 날개의 단면(WAF형)

그러나 복잡한 형상의 WAF 날개를 균일하게 제작하는 것이 그 당시에는 어려웠고 비용도 비쌌다. 나는 면밀한 검토와 시뮬레이션, 그리고 풍동 실험 확인을 거쳐서, 과감하게 그동안 어느 나라도 채택하지 않았던 직사각형의 평판형 로켓 날개로 설계를 바꾸었다. 이것은 종래의 WAF형 날개보다 제작하기 쉬우면서 보통 사람들이 파악하기 어렵지만 매우 큰 성능 개선 효과를 가져왔다.

서울에 안 가본 사람이 가본 사람을 이기다

나는 야전포병의 무기 체계인 다연장로켓을 연구하기 위해 여러 책을 참조했다. 그중에서도 매우 두꺼운 『야교 6-40 야전포병 대포 포술』이라는 책을 여러 번 읽었다. 『야교』란 야전교범field manual의 약어인데 군인, 특히 포병이라면 조금씩은 누구나 아는 책이었다. 그 책은 미국 교재를 번역한 것으로 포병학교에서 오래전부터 교범으로 사용해오고 있었다. 어려운 이론을 다룬 책이 아니어서 독학하는 데는 별 문제가 없었으나, 많은 오류가 눈에 띄었다. 포병학교에서 수십 년간 교범으로 사용해온 번역서에 왜 이렇게 오류가 많을까?

나는 1975년 미국의 레드스톤 조병창에서 교환 근무할 때의 기억을 떠올렸다. 체류 기간 6개월 중 한동안은 인근의 미사일 학교로 호크 유도탄의 정비 위탁 교육을 받으러 온 한국 군인과 같은 기숙사를 사용했다. 그 군인은 위탁 교육을 마치면 귀국하여 동료 군인들을 교육하기도 하고, 군 학교의 교수들과 함께 교재 번역을 하기도 할 터였다. 그런데 문제는 미국에서 받은 교육을 언어 문제나 지식 부족 등으로 인해 완전하게 소화하고 전달할 수 없다는 점이었다. 탄도학ballistics과 포술을 이해하려면 상당한 전문 지식이 필요하다. 이러한 사유로 잘못된 번역과 지식 전달 교육이 수십 년을 내려온 것이 아닐까?

내가 포병 관계자들에게 『야교 6-40 야전포병 대포 포술』의 오류를 지적하고, 영어 원본과 비교해가며 설명해도 그들은 받아들이지 않았다. 나는 계속해서 오류를 바로잡을 것을 권했지만, 그들 기성세대를 이해시키는 일은 쉽지 않았다. 포병학교장은 교관을 나의 연구실로 보내어 문제점이 무엇인지 자세히 파악해 오라고 지시하기도 했다. 그러나 그 책의 오류는 쉽게 고쳐지지 않았다. 결국 "서울에 안 가본 사람이 가본 사람을 이긴다"는 속담이 들어맞는 상황이 되었다. 교범의 이러한 오류는 나중에 합격과 불합격을 판정하는 시험평가 과정에서 문제를 일으키기도 했다.

몇 년 뒤 다연장로켓과 관련한 다른 사건으로도 겪은 바 있지만, 현실세계에서는 흑과 백이 뒤바뀌는 경우가 종종 있으며, 때로는 이러한 부조리를 받아들이는 지혜가 필요했다.

광주 상무회관 1980년

1980년도에 나의 팀은 광주 비행장 옆 상무대에 있는 포병학교를 자주 방문했다. 그곳의 교관 및 연구관들과 개발 중인 다연장로켓을 시험평가하고 이를 운용할 부대를 창설하는 계획을 협의하기 위해서였다. 광주에 출장을 가면 포병학교는 우리 숙소로 광주 시내 금남로에 있는 상무회관을 예약해주곤 했다. 상무대에서 위탁 운영을 하는 상무회관은 시설이 깨끗하고 숙박비도 저렴했다.

1980년 5월 18일 비극의 광주민주화운동 발생 직후에도 상무대로 출장을 가야만 했다. 그 당시에 광주 시민들은 너무나 상처받은 표정을 짓고 있었다. 민심을 달래보려 시내의 경찰은 모두 여자 경찰로 바뀌어 있었다. 예사로 손님과 말을 주고받던 택시기사는 한마디 말도 없이 우리를 상무대에 내려주었다. 광주시 전체의 당시 분위기는 무표정 그 자체였다. 나는 자세히 묻지는 않았지만, 포병학교가 왜 전처럼 광주 시내에 있는 상무회관을 숙소로 예약해주지 않았는지 짐작이 갔다.

이 무렵 나는 결혼과 함께 연구소의 기숙사를 떠나서 대전 시내 기계창 아파트에 신접살림을 차렸다. 신혼 초부터 나의 잦은 시험 출장으로 인해 신부는 허구한 날 독수공방으로 지내야 했다.

개발과 양산은 아마와 프로 차이

1981년은 대한민국에서 처음으로 국산 로켓 대대가 창설된 해이다. 1978년 9월 26일 실시한 국산 로켓과 유도탄의 공개시사회 이후 백곰 미사일 개발은 중단되었고, 중거리 로켓 황룡, 다연장로켓 구룡, 대전차 로켓 등의 개발은 계속되었는데, 개발이 완료되어 전력화된 것은 다연장로켓 구룡 체계뿐이었다.

개발품을 전력화하는 것은 실험실에서 가능성이 확인된 시제품을 상품으로 만들어 출시하는 것과 비슷하다. 자신이 만든 상품에 대하여 개발자는 고객에게 전적으로 책임질 수 있어야 한다. 이렇게 책임을 지면서 전력화하기까지는 각종 환경시험평가 등 수많은 프로적인 일들이 수반되었다. 보통 사람들이 말하는 연구개발 활동은 아마추어적이라고 할 수 있는 개발 단계의 전반부만 가리키는 경우가 많다. 프로적인 일들은 주로 개발 단계의 후반부에 수행된다.

다연장로켓이 전력화된 데는 이것이 성공적으로 개발되기도 했지만, 진취적인 군인들이 야전포병의 무기 체계가 화포라는 단일 체계에서 로켓과 화포의 이원 체계로 발전하고 있음을 깨닫고 처음 보는 로켓 체계를 지지한 것이 주효했다.

그러나 105mm와 155mm 화포에 익숙했던 일부 보수적인 군인들은 화포 탄약 대비 값비싸고 낯선 다연장로켓 체계를 거부했다. 같은 연구소 안의 화포 연구개발팀에서도 다연장로켓의 장점 평가에 대해 많은 반대가 있었다.

무기 체계 개발 한살이의 후반부

1978년에 성공적으로 로켓과 유도무기의 공개시사회를 했다는 것을 개발 완료로 볼 수는 없었다. 전력화하기 위해서는 진짜 개발 업무에 해당하는 후속 작업들이 많이 남아 있었다.

여기서 잠시 선진국의 책임 있는 프로 연구원이 무기 체계의 개발 후반부에 하는 진짜 개발 업무를 소개하기로 한다. 먼저 연구 결과를 보고서로 문서화한다. 다음에는 연구개발 결과물이 생산 현장에서 우수한 품질로 생산되고 그 품질을 객관적으로 입증할 수 있도록 필요한 소프트웨어와 하드웨어를 개발하며, 필요한 절차와 규정을 만든다. 이어서 생산된 제품을 군인들이 안전하게 잘 사용하도록 교육 훈련하며 주기적으로 정비하고 지속적으로 조달할 수 있도록 교범과 절차 등 필요한 모든 것을 개발한다. 그다음에는 위험물을 어떻게 취급하고 폐기할 것인가 하는 방법과 절차, 기준을 만들어야 한다. 덜 익은 아마추어와 후진국은 이런 활동을 제대로 하지 못한다. 어떤 사람은 그런 것은 연구개발이 아니고 단순 작업이라고 평가절하를 하는데, 그 사람은 십중팔구 아마추어 연구원일 것이다.

덜 익은 아마추어들은 연구개발의 전반부만 마치면 성공을 선언하고 다른 프로젝트로 떠나버린다. 이것은 책임 있는 선진국의 프로 연구원의 자세가 아니다. 덜 익은 아마추어들은 "나는 유능해서 3년 만에 개발했다"라고 허풍을 치기도 하는데, 그것은 대개의 경우 연구개발의 후반부에 소요되는 기간을 슬쩍 감추고 하는 말이다.

어쨌든 전투에서 사용할 무기는 온갖 악조건에서도 신뢰성 있게 작동해야 한다. 이를 위해 우리는 트럭에 탑재된 발사대에 로켓 36발을 장전한 다음 비포장도로 주행환경시험을 계획했다. 당시에도 한국의 도로 포장률은 매우 높아서 비포장도로를 찾기가 쉽지 않았다. 사전 답사 후 결정한 코스는 대전의 연구소를 출발하여 공주와 청양 간, 그리고 홍성과 해미 간의 비포장도로를 달려 안흥시험장에 도착하는 것이었다.

시험 감독을 맡은 나는 트럭의 조수석에 앉아 운전기사를 독촉하여 울퉁불퉁한 비포장도로를 최대한 속도를 높여 달리도록 했는데, 머리가 계속 천장에 부딪혀 혹이 나는 통에 한 손으로는 손잡이를 잡고 다른 한 손은 머리 위에 올려놓아야 했다. 그야말로 온몸이 따로 노는 춤추는 비포장도로 주행환경시험이었고, 장비 시험인지 사람의 인내력 시험인지 분간할 수 없었다. 그때 어찌나 심하게 달렸던지 해미로 넘어가는 산길에서 휴식하며 살펴보니 트럭의 타이어를 고정하는 너트 하나가 빠져 없어지고 엔진오일 캡이 튕겨 달아나서 오일이 넘쳐흘렀다. 홍성까지 가서 부품과 엔진오일을 구해다가 보충하고 나서야 안흥까지 갈 수 있었다. 우리는 발사대에 무겁게 실린 로켓도 험난한 비포장도로 주행을 잘 견뎌주었음을 확인했다.

1980년 나의 팀은 안흥시험장 앞바다에서 다연장로켓 수백 발을 비행시험하면서 앞으로 육지에서 적을 정확하게 타격할 수 있는 사표射表, firing table를 개발하고, 군인들이 무기 체계를 운용하고 사격할 때 적용할 야전교범과 기술교범 등의 초안을 만들었다. 그리고 대량생산할 수 있도록 품질관리에 적용할 국방규격 등 기술자료묶음TDP: Technical Data Package을 만들었다. 대부분의 연구원들에게 이러한 자료 개발은 첫 경험이었다. 다연장로켓은 미국 제품을 베끼지 않은 것이라서 이렇게 만든 로켓교범과 기술 자료묶음 역시 대한민국에서 맨 처음 독자적으로 만든 자료일 것이라 생각된다.

우리는 신개념과 신기술 적용에 고무되고 다른 업체에 앞서 나간다는 자부심을 가진 방산업체 직원들, 그리고 품질관리를 담당하는 국방품질관리소와 팀워크를 이루어 우수한 품질의 국산 로켓을 생산했다.

안흥에서 대전까지 8시간, 지금은 2시간

안흥시험장에서 시험을 마치고 연구소로 복귀할 때에는 충남 태안을 지나 일반국도로 천안까지 와서 경부고속도로를 타고 대전으로 오는 코스를 이용했다. 거리를 합산하면 200km 정도였다. 보통 시험 출장 일행은 트럭을 포함한 여러 대의 차량과 20명 정도의 인원이었다.

시험을 다 마친 날 저녁에는 충남 태안의 단골 여인숙에서 자고 아침에

대전기계창에서 안흥 시험장 가는 길(1980년대)

출발하는데, 긴장이 풀리면 종종 밤늦게까지 모여 놀았다. 하루는 일행에게 밤 12시까지만 놀라고 지시하고 나는 일찍 잠자리에 들었지만, 많은 사람들이 새벽까지 놀아 아침을 겨우 챙겨 먹고 출발하게 되었다. 나는 맨 앞 트럭의 운전석 옆에 탑승했는데, 운전기사는 눈을 뜨고 졸고 나는 눈을 부릅뜨고 감시하는 사태가 벌어졌다. 결국 휴게소마다 들러 휴식을 취하며 하루 종일 걸려서 대전에 도착했다. 희한한 일은, 10분이나마 쪽잠을 자라고 휴게소에 주차하면 모든 운전기사들이 잠이 달아나서 잡담을 하고, 다시 출발하면 곧바로 졸기 시작하는 것이었다. 고속도로에서 갈 지之자로 달리는 자동차는 대부분 졸음운전 때문인데, 이때 졸음운전이 음주운전보다 위험하다는 것을 실감했다.

당시 8시간이나 걸렸던 이 먼 길을 지금은 대전-당진 간 고속도로가 생겨서 2시간이면 갈 수 있다. 안흥시험장을 오갈 때마다 중간에 쉬면서 식사를 하던 음식점들은 고속도로가 뚫리면서 손님을 모두 잃어버렸다.

통계학은 기초 학문?

포술에서는 표적을 맞히기 위해 탄도학 이론에 따라서 복잡한 과정을 거쳐 사격제원을 계산하고, 로켓과 발사대를 이 제원에 맞추어 사격을 한다. 표적까지의 거리가 같을지라도 계절별 온도 차이, 바람의 유무, 표적의 위도와 고도 등 많은 요인에 따라 사격제원은 다르다. 이런 계산을 할 수 있는 표로 구성된 책이 사표로, 포술에서 매우 중요한 기능을 한다.

이러한 사표를 개발하기 위해서는 보통 수백 발의 비행시험을 해야 하는데, 비용은 물론이고 많은 시간과 자원을 필요로 한다. 나는 다연장로켓의 비행시험을 주도하면서 우선은 그럴듯한 논리로 만든 비행시험계획에 맞추어 시험을 하고 여기서 얻은 자료를 처리했지만, 시험 기간 내내

고민에 빠졌다. 적절하고 타당한 시험 수량과 정확한 시험 방법은 무엇일까? 시험 계획이 적절 타당하다는 판단을 어떤 기준으로 내려야 할까? 선진국 사람들은 어떻게 했을까? 궁금하고 불안해하면서 가능하다면 그들과 만나서 토론을 하고 싶었다.

이러한 궁금증과 불안, 그리고 토론할 상대도 없는 환경은 나중에 나로 하여금 전혀 다른 전공인 통계학을 공부하게 했다.

로켓 시험평가와 VIP 안전보장

대부분 전투 경험이 전혀 없는 국방과학연구소 연구원들이 공학적으로 설계 개발한 무기와 나름대로 작성한 교범 등을 획득하기 전에 야전에서 운용시험평가operational test를 하는 과정은 반드시 필요하다. 운용 적합성과 수명 주기 등이 검증되어야만 군에서 획득 여부에 대한 의사결정을 내릴 수 있기 때문이다.

1981년 당시는 시험평가를 수행하는 시험평가단이나 교육사령부 같은 조직이 생기기 전이었으므로, 포병학교에서 한 팀을 구성하여 다연장로켓의 운용시험평가를 했다. 나는 포병학교의 그 팀과 사격운용시험평가를 할 장소를 물색하러 전방의 군 사격장을 돌아보곤 했다. 결국 다연장로켓의 사격운용시험평가는 경기도 연천군 대광리에 있는 상승사격장에서 발사하여 남쪽으로 약 15km 떨어진 경기도 포천군 다락대로 탄착시키는 것으로 정해졌다. 군에 시험평가를 전담하는 상설 조직이 없다 보니 연구소가 운용평가시험을 세부적인 사항까지 지원해야 하는 어려운 시절이었다.

1981년 3월에 우리는 발사대 3대와 수백 발의 다연장로켓을 가지고 최전방인 경기도 대광리의 상승사격장으로 갔다. 사격장과 탄착지, 그리고 손님들의 관람석에서는 사격시험을 준비하기 위한 공사가 진행되었다.

130mm 다연장로켓 운용시험 소대 일제사격(1981. 3. 경기도 연천 대광리)

이제까지는 안전이나 정확도에 크게 부담을 갖지 않고 만날 안흥시험장 바다로만 사격했는데, 육지에서도 로켓이 안전하고 정확하게 표적에 도달하여 폭발할 것인지 걱정되었다. 관계자들은 나를 쳐다보고 탄착지에서 약 2km 떨어진 관람석의 안전이 정말 보장되느냐고 묻고 또 물었다. 과거 백곰을 개발할 때 시험체가 뒤로 날아가 혼비백산한 경험을 떠올렸던 것이다. 모두가 걱정하니 나도 속이 타들고 잠을 설쳤다.

그날 관람석에는 수백 명의 손님들이 왔으며, 사격장에서 사격 장면을 본 뒤 후속사격의 탄착점을 확인하기 위해 발사 지점에서 15km 떨어진 탄착지의 관람석으로 날아간 헬리콥터만 열다섯 대였다.

통상 유도탄이나 로켓은 실전에서 발사할 때보다 시험평가 단계에서의 발사가 훨씬 위험하다. 그래서 관계자들의 걱정은 더욱 컸던 것이다.

대광리 여인숙과 삼청교육대

나의 팀은 군인들과 130mm 다연장로켓의 운용시험평가와 시험행사를 준비하기 위해 상승사격장이 있는 연천군 대광리의 한 여인숙에서 약 한 달간 머물렀다. 그 여인숙은 연탄 난방을 했는데 방바닥이 따스했고 아침에는 온수로 세수를 할 수 있었다.

그 작은 시골에 수상한 외부 사람들이 북적대니까 신고가 들어갔는지 지역의 보안부대 요원이 여인숙으로 찾아와 우리 신분을 확인하고는 애로 사항이 생기면 연락하라며 친절하게 대해주었다. 하루는 한 팀원이 동네 술집에서 술을 마시다가 옆자리의 주민과 시비가 붙었는데, 보안부대 요원의 도움으로 해결했다.

당시에는 경찰관이 야간에 투숙객들을 불시 검문하는 일이 잦았다. 한 번은 연구원들이 방에서 고스톱을 하다가 검문을 당했지만 대꾸도 하지 않고 계속 치자, 어이없어하던 경찰관이 여인숙 주인으로부터 우리 신분을 확인하고는 머쓱해져 돌아갔다.

대광리 상승사격장 옆에는 군부대 막사가 있었다. 연구원들은 사격시험 중에 수돗물을 쓰거나 화장실이 필요하면 그 부대로 갔다. 그 부대는 당시 정부가 운영하던 삼청교육대의 교육생을 수용하고 있었다. 나의 팀은 한동안 그 교육생들과 매일 마주쳤다. 나는 수백 명 교육생들의 실제 생활상을 목격하고, 고통과 애환이 얽힌 그들의 많은 이야기를 듣기도 했다.

민간인 신분이면서 군과 관계된 연구를 했고, 시절이 수상하다 보니 어중간하면서도 남다른 에피소드나 경험이 적지 않았던 시기였다.

대한민국 최초의 사표

사격시험평가로 육상 사격을 하고 나서 탄착지의 관측자에게서 '봤다' 하는 무전을 받았을 때, 그 느낌은 말로 표현할 수 없이 짜릿하다. 관측자가

'봤다'는 말은 명중하여 폭발한 것을 의미하며, 시간이 되었는데도 꿀 먹은 벙어리처럼 아무 말이 없으면 불발이거나 무엇인가 사고가 난 것이다. 연발로 사격할 때에는 실시간에 육안으로 완전히 파악할 수는 없고, 사진 촬영 결과를 분석하여 평가할 수 있었다.

한국 최초의 로켓 사표

대한민국에서 처음 개발된 사표가 계산해주는 대로 사격하기만 하면 다연장로켓이 탄착지에 도달할 수 있다는 것을 확인하자 지난 몇 년 동안 애쓴 보람을 느낄 수 있었다. 그제야 모두 손님을 모시는 시범행사를 안전하게 성공적으로 개최할 수 있다는 자신감을 가지게 되었다.

1981년에 개발된 최초의 사표는 1988년에 표지 색깔을 바꾸고 내용도 보완하여 현재까지 사용되고 있다.

대한민국 최초의 국산 로켓 대대 창설과 장단반도 사격

대광리에서 실시한 1981년 3월의 성공적인 시범행사와 운용시험평가 결과 대한민국 최초로 국산 로켓 대대가 창설되었다. 초대 대대장으로는 포병학교에서 편성했던 시험평가팀의 팀장이 취임했다.

국방과학연구소 나의 팀은 국산 로켓 대대의 운용 요원들을 교육시키고 훈련사격 시 기술지원을 하기도 했다. 그 당시에는 서울 근교인 경기도 벽제에서도 훈련사격을 할 수 있었다. 벽제에서 훈련사격한 로켓이 도달하는 탄착 지역은 휴전선 바로 남쪽 임진각 옆의 장단반도였다. 장단반도는 과거 비옥한 농토였던 강가의 개활지인데 당시에는 사람 키보다 큰 갈대밭으로 변해 있었다.

한국 최초의 다연장로켓 부대 소대 일제사격(1983, 경기도 벽제) 및 소대 일제사격 후 탄착 장면(경기도 파주 장단반도)

당시에는 130mm 다연장로켓을 구룡포, 이를 운용하는 대대를 구룡포대대라고 불렀다. 나의 팀원들은 구룡포대대를 방문하면 제집에 온 것 같이 느꼈다. 그 부대를 우리 부대라고 생각했던 것이다. 한국군은 미국으로부터 받은 로켓 무기 체계를 운용하고 있었지만 국산 로켓은 처음이어서 군인들이 가끔 엉뚱한 질문을 했다. 예를 들어, 연구원들이 자체 개발한 교범이나 사표를 미국 책 번역본으로 오해하여 원문을 보여달라고 요구했다. 로켓이나 발사대를 미국 것의 복제품으로 오해하는 사람도 많았다.

여하튼 1981년은 대한민국이 독자적으로 개발한 로켓 체계를 전력화한 첫 해이다. 그 로켓 무기 체계는 30년이 지난 오늘날까지 자주국방에서 중요한 역할을 하고 있고, 로켓의 발전에 튼튼한 기초를 놓았다.

나의 팀은 그동안 다연장로켓을 연구개발한 결과를 정리하여 한 세트의 보고서로 만들었다. 보고서는 타자수가 타자기로 원문을 치고, 그것을 복사하여 제본하는 방식으로 만들었다. 탁상형 계산기와 전자복사기를 쓰는 것만도 매우 편리하다고 생각했던 시기였다. 타자기에 없는 기호는 모두 손으로 써넣어야 했다.

그 뒤 다연장로켓 대대가 계속 창설됨으로써 북한 대비 열세였던 로켓 부문의 전력이 크게 보강되었다. 물론, 이를 지원하는 나의 팀원들은 바쁜 나날을 보내야 했다. 다연장로켓 기본형 체계를 개발하는 데는 약 5년 동안 총 24억 원 가량이 들었다. 이렇게 적은 예산으로 개발할 수 있었던 것은 유도탄 개발사업을 추진하면서 구축해놓은 인프라가 있었기 때문이다.

한편 다연장로켓의 생산 과정에서 구축된 인프라가 다른 유도탄 개발에 활용되는 선순환 체계가 갖추어졌다. 이것은 유도무기 체계를 총체적으로 발전시키는 데 든든한 토대가 되었다.

국방 품질관리와 최초의 국산 로켓 수락비행시험평가 1981년

부대를 창설하고 전력화하려면 장비와 탄약의 대량생산이 뒷받침되어야 한다. 개발품의 대량생산에서는 제품의 규격화와 함께 우수한 성능이 신뢰성 있게 유지되도록 하는 품질관리가 매우 중요하다. 1970년대까지는 개발품을 대량생산하는 경우가 드물었지만 점점 증가하는 추세여서 품질관리를 전담할 기관이 필요하게 되었다.

이에 따라 국방과학연구소는 1980년에 발족한 '품질검사단'을 확대 개편하여 1981년 7월에 국방품질관리소(현재의 국방기술품질원)를 부설기관으로 설립했다. 시의적절하게 국방품질관리소가 설립되고 각 분야별로 품질관리 전문가들이 편성된 것은 국산 다연장로켓의 신뢰성을 유지 관리하는 데 큰 도움이 되었다.

그러나 1981년 당시 국방품질관리소 담당자들은 다연장로켓을 낯설어했다. 이들은 처음 몇 개의 로트lot(생산 단위)를 생산할 때까지는 국방과학연구소 연구원들과 합동으로 생산관리를 하면서 품질관리 절차를 익혀나갔다. 국방과학연구소의 연구원들도 생산관리에 참여하면서 국방규격을 만들 때 생산품의 적부 판정을 서술하는 단어나 도면의 주기註記 사항 하나하나가 얼마나 중요한지 깨닫기도 했다. 나는 제품 규격의 조문도 이렇듯 민감한데 만인을 대상으로 하는 법조문을 만드는 일은 얼마나 어려울까 생각했다. 국방규격 작성 시에는 한국산업규격KS을 수시로 참조했고, 이를 잘 만들어 놓은 관계자들에게 감사했다.

생산 공정마다 철저하게 품질관리가 된 로켓은 완성탄으로 조립되어 군에 납품되기 전에, 생산 로트마다 일정 수량씩 샘플을 추출하여 안흥시험장에서 최종수락비행시험평가acceptance test를 한다. 초창기의 수락비행시험평가에는 국방부와 합동참모본부, 육군, 국방품질관리소, 생산업체

등의 관계자들이 참석했고, 평가를 통과하면 서로 축하했다. 안흥시험장에서의 수락비행시험평가를 통해 우리는 팀워크를 다지며 한국의 자주국방 초석을 튼튼히 쌓아가고 있었다.

한국이 로켓을 개발하다, 『제인연감』

다연장로켓 구룡포는 1979년 국군의 날 행사에 등장하여 텔레비전 뉴스에 보도되었다. 세계적으로 유명한 무기연감인 영국의 『제인연감Jane's』은 「기갑 및 포병 장비Armor & Artillery 1979-80」판에서 구룡포를 국군의 날 행사 사진과 함께 한국이 개발하여 전력화한 최초의 로켓 체계로 세계에 소개했다. 선례가 없는 국가적인 영예였다.

『제인연감』에 다연장로켓이 소개되자 외국에서 문의가 들어왔다. 우리는 부랴부랴 영문 카탈로그를 만들었다. 홍보나 판촉 같은 마케팅 개념이 거의 없었던 연구원들은 뒤늦게나마 그 중요성을 깨달았다.

『제인연감』은 1980년 이후 한국의 130mm 다연장로켓을 계속해서 소개했으나 일부 내용은 추측 기사로 부정확했다. 그래서 국방과학연구소는 개량형 체계를 개발한 뒤부터 당국의 보안 검토 승인을 받아 아예 사진과 정확한 자료를 『제인연감』 측에 제공했다.

한편, 『제인연감』의 「기갑 및 포병 장비 1979-80」은 한국의 130mm 다연장로켓을 소개하면서, 백곰 유도탄에 대해서도 한 줄 언급했다. "한국 육군은 또한 미국이 공급한 지대공 나이키허큘리스 유도탄을 지대지 유도탄으로 사용한다"라고.

그 뒤로도 『제인연감』은 백곰을 NHK-1, 백곰의 후신인 현무를 NHK-2라고 지칭하며 나이키허큘리스의 변형 모델variant로 분류하고 그림도 없이 한 줄 정도 소개했다. 북한 관련 기사를 보면, 구소련 제품을 모방 개발

『제인연감 1979-80』 한국의 다연장로켓 '구룡'을 세계에 알렸다.

긴급 제작한 130mm 다연장로켓 '구룡'의 카탈로그

한 BM-11 방사포나 SCUD-B/C 유도탄 등은 소개하지 않고, 고유 모델이라고 할 수 있는 노동 미사일부터 소개하고 있다. 즉, 『제인연감』은 고유 모델만 상세히 소개하고 변형 모델은 크게 다루지 않는다. 그러고 보면 고유한 외형은 중요한 상징성을 갖는다고 하겠다.

하지만 현무는 나이키허큘리스와 2단 비행체의 외형만 동일할 뿐 모든 내용물과 소프트웨어는 전혀 다른 미사일이라고 할 수 있다. 이렇게 미국 유도탄의 외형을 차용하는 것도 이제는 불필요한 옛일이 되었다.

연구원과 처녀 불알

무기 체계 연구개발의 한 사이클을 경험한 나의 팀은 기본형보다 훨씬 더 잘할 수 있다는 자신감이 충만했고, 이제는 세계에서 가장 우수한 무기 체계를 개발하고 싶어했다. 군과 합참의 요구성능도 기본형 때보다는 좀 더 체계적인 형태로 최고 수준을 요구했다. 1982년 개량형 체계의 개발에 착수할 때에는 육군과 합참이나 국방부 그리고 국방과학연구소 모두들 업무 체계가 잡혀가고 있었다.

비전문가가 이해하기 어려운 연구원들의 자신감에 대해 어떤 군인은 "ADD 연구원들은 처녀 불알 빼놓고 못 만드는 것이 없다더라" 고 하며 빈정거리기도 했다. 나는 그 말을 듣고 오히려 빙긋이 웃기만 했다. 사업 승인과 예산 배정을 하는 그 군인은 국방과학연구소에 대해 상당히 부정적이었다. 아마도 1978년의 백곰 공개시사회가 사기극이었다는 유언비어가 상당히 사실이었다고 생각했을 것이다. 또 사업 승인을 받기 위해서 장밋빛 보고를 한 어떤 연구원이 목표를 100% 달성하지 못한 것에 대해 사기꾼이라고 비난하는 것 같았다. 국방과학연구소에 대해 부정적이며 좀 더 과격한 군인은 그러한 연구원은 사형시켜야 한다는 말까지도 했다.

군과 연구소에게 '처녀 불알' 은 깊은 의미를 갖는다는 생각이 들었다. 그것은 양자 간의 깊은 불신과 사고의 틈새인데 이를 메우기 위해서는 많은 대화가 필요하다. 대화를 할 때 전문 지식을 가진 연구원들은 교만하기가 매우 쉬워 조심해야 한다. 이룩한 성과와 기적에 대한 자부심은 좋지만 교만한 연구원을 받아줄 고객은 없다.

처녀 불알은 연구원들에게는 불가능은 없다는 도전 정신의 상징일 수는 있다. 다만, 아기를 만들지 못하는 '처녀 불알' 로 사기를 치거나 '진짜' 라고 순진한 고객을 호도해서는 안 될 것이다.

팔당호의 불꽃놀이 1983년

1983년 가을 어느 날 위로부터 기술지원 지시가 내려왔다. 국군의 날에 화력시범행사를 할 계획인데, 다연장로켓의 시범사격을 기술지원하라는 내용이었다. 행사 계획을 살펴보니, 로켓을 쏘아 팔당댐을 가로질러 호수

구룡 6문 일제사 다연장로켓 6문이 일제사로 간접사격을 하는 장면이다.

맞은편의 산에 그려 놓은 약 1km 거리의 표적을 맞히는 것이었다.

누가 계획했는지 알 수 없지만, 원거리 표적을 간접사격으로 타격하는 무기 체계를 불꽃놀이를 하는 직접사격 체계로 동원한 것으로, 자칫하면 큰 사고가 발생할 위험이 있었다. 그 계획의 부적절성을 지적했지만 통하지 않았다. 어쩔 수 없이 현지에서 가까운 전차 사격장에 가서 시험사격을 하면서 임시로 적용할 단거리 사격용 사표를 만들어 무리하나마 화력 시범행사를 할 수 있도록 조치했다.

대통령이 참석한 그 행사에서 위험한 다연장로켓 시범사격을 무사히 마쳤다. 이때의 '성공적인' 화력시범행사 때문에 다연장로켓의 비정상적인 단거리 시범사격이 정상적인 사격으로 인식되고 연례행사가 되어버렸다. 이로써 다연장로켓의 위력이 홍보되기는 했으나 비정상이 정상이 되고 만 이해하기 어려운 또 하나의 사례가 되었다.

130mm 다연장로켓 개량형을 개발하다

나는 새도 떨어뜨릴 수 있는 공명 현상은 태풍으로 다리를 파괴하기도 하고,
우주 발사체의 구조물에 치명적인 손상을 일으키기도 한다.
우리는 다연장로켓에서 공명 현상을 규명하며 무기 경연대회 금메달감의 성능을 개발했다.

130mm 다연장로켓 개량형 개발 착수

육군과 국방과학연구소는 다연장로켓 경험과 기술이 축적됨에 따라 개량형 체계의 개발 계획을 내게 되었다. 무기 체계 연구개발의 한 사이클을 경험한 나의 팀은 기본형보다 훨씬 더 우수한 체계를 개발할 수 있다는 자신감이 충만해 있었고, 군과 합참도 기본형 때보다는 좀 더 체계적인 형태로 최고 수준의 성능을 요구했다.

나의 팀은 세계 최고를 향하여 1982년부터 다연장로켓 개량형 체계를 개발하기 시작했다. 처음에는 구룡 기본형 로켓처럼 백곰 유도탄 추진제와 유사한 프랑스 기술에 기반을 둔 추진제CTPB를 사용했으나, 곧이어 장기 저장 성능이 우수한 추진제HTPB를 자체 개발하여 사용했다. 추진기관

의 알루미늄 합금 원통형 연소관에도 최신 장비를 도입하고 신소재를 개발하여 기본형보다 훨씬 더 정밀하게 제작했다. 기본형을 설계 개발한 경험과 기술을 살려 길이가 길어진 개량형 로켓의 날개 크기를 기본형 날개보다 훨씬 작게 설계했다. 발사대 등의 장비는 자동화되었고 발사점화장치도 소형화했다.

2000년대 시점에서 보면 골동품과 같지만 사표 소프트웨어를 탑재한 사과 상자 크기의 사격제원 계산기도 개발했다. 그 개발 책임자는 바로 정보통신 분야 등에서 유명한 오명 전 부총리였다. 오명 박사팀이 개발한 하드웨어에 내가 개발한 사격제원 계산 소프트웨어를 탑재한 것이었다. 이 밖에 여러 분야가 개량되고 새로운 개념들이 도입되었다.

나는 기본형 체계의 운용 경험을 바탕으로, 전쟁 상황에서의 작전 반응시간을 단축하기 위해 탄두와 추진기관이 조립된 형태로 로켓을 운용하자는 제안을 했다. 그러나 탄두와 추진기관을 각각 기본형과 개량형의 두 종류 중에서 사용자가 선택하여 조립 운용하는 것으로 결정되었고, 나의 제안은 채택되지 않았다.

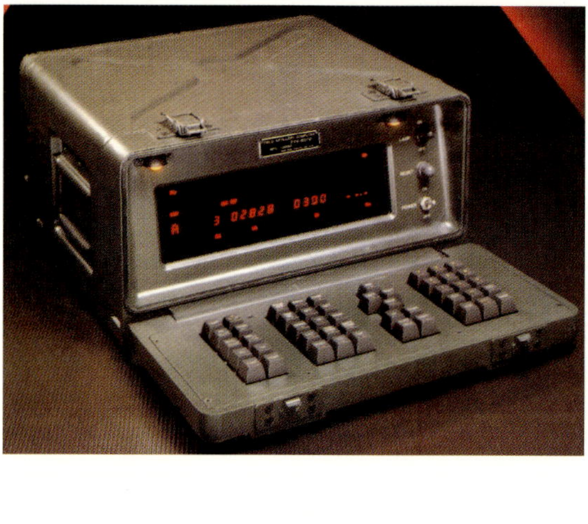

사격제원 계산기 1980년대 초까지는 모든 사격제원 계산을 필산으로 했는데, 이 계산기의 개발로 포병의 실수가 줄어들었다.

'거꾸로 회전'을 생각한 개량형 로켓

항공기의 비행에서 피치pitch(기체의 상하 움직임), 요yaw(기체의 좌우 움직임)를 컨트롤해야 하는 것처럼 로켓도 마찬가지이다. 이 중에서도 스핀spin(회전)의 컨트롤이 중요하다. 로켓에서 의도적으로 스핀을 시키는 주목적은 탄착 정확도를 높이기 위해서이다. 이때 스핀을 과도하게 크게 주거나 적게 주면 효과가 감소하므로 최적의 스핀 설계를 찾아내는 것이 중요하다.

보통의 경우 로켓은 시계 방향(+)으로만 스핀이 일어나도록 설계한다. 다연장로켓 기본형은 전통적 방법으로 설계하여 시계 방향으로 최적의 회전수만큼(최대 초당 약 15회전) 돌다가 곧 영으로 감쇄되도록 했다.

한편 개량형 로켓에서는 비행 말기에 자탄子彈을 분산시킬 계획이 있었기 때문에 비행 말기에도 초당 약 10회전의 스핀이 필요하여, 그 방안으로 날개에 1도의 경사각을 주었다. 그러나 기본형 로켓처럼 시계 방향(+)으로만 회전하도록 설계하려고 날개에 1도 경사각을 주면 비행 초기의 최

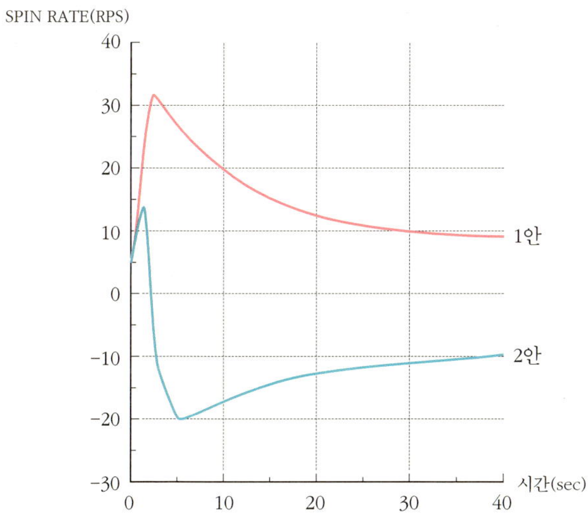

130mm 다연장로켓 스핀 설계안(1982) 1안 : 시계 방향 회전 2안 : 시계 방향 회전 후 반시계 방향 회전

대 스핀이 초당 30회전 이상으로 올라가게 되었다(앞 그림의 1안).

이론적으로는 그 정도 크기의 스핀이 비행 상태나 정확도 성능에 나쁜 영향을 주지 않는데, 나는 초당 30회전이라는 높은 스핀율spin rate이 꺼림칙하여 고민 끝에 색다른 아이디어로 설계해보기로 했다. 그 목표는 최대 스핀 크기를 줄이면서 비행 말기에 회전수를 초당 10회전 수준으로 유지하는 것이었다(앞 그림의 2안).

내 아이디어는 로켓의 스핀 방향을 비행 중간에 시계 방향에서 시계 반대 방향으로 바꾸어 주는 것이었다. 그렇게 함으로써 한 방향으로만 회전할 때 나타나는 과도한 최대 스핀 크기(1안)를 방지하면서 비행 말기에 회전수를 일정하게 유지시킬 수 있다고 생각했다. 비행 중간에 스핀 방향을 바꾸는 구체적 설계 방법으로는, 날개의 1도 경사각 방향을 1안 설계와 반대 방향, 즉 시계 반대 방향으로 주는 것으로 아이디어를 냈다.

역회전 설계 효과를 입증해준 백만 불의 원격측정장치

나는 호기심으로 가득 차 날개의 경사각 1도의 방향이 반대로 된 두 종류의 로켓을 준비하여 안흥시험장으로 갔다.

사실 날개의 경사각 1도는 그 크기나 방향을 육안으로 구분할 수 없을 정도로 작지만, 그 효과는 매우 컸다. 그 당시에 우리는 로켓의 회전수를 측정하기 위해 상용의 광센서를 이용하여 스핀율 측정장치를 만들었다. 신호 송신용 안테나도 직접 만들고 10여 개의 AA배터리 묶음을 측정장치의 전원으로 사용하여 로켓의 회전수를 원격측정하는 데 성공했다. 이것을 구현한 주역은 금오공고 출신의 유능한 기술원이었다. 오늘날에는 센서와 원격측정장치를 외국에서 쉽게 구입할 수 있지만, 당시에는 1년이나 걸렸다. 상황이 급했던 우리 팀은 1년을 기다릴 수 없었던 것이다.

비행시험 결과는 내가 꺼림칙하게 생각했던 대로 이론과 달리 두 종류의 로켓이 정확도 성능에서 큰 차이를 보였다. 비행 중간에 스핀 방향을 바꾸는 로켓이 훨씬 더 우수한 성능을 나타냈다. 이때 나의 가슴을 파고드는 성취감은 이루 말할 수 없었다. 세계적인 로켓 정확도 경연대회가 있다면 출전하고 싶은 욕망이 솟구쳤다. 우리 팀이 설계한 로켓이 일등을 할 자신이 있었던 것이다.

그 당시에는 바빠서도 그랬지만 분위기상 특허등록을 한다거나 논문으로 작성하여 해외 학회에 발표하러 간다는 생각은 하지 못했다. 성과에 대해 누가 알아주거나 말거나 우리는 그저 스스로 좋아하고 성취감을 느끼는 것이 전부였다.

이렇게 함께 고생하면서 긴밀한 팀워크가 형성되었기 때문에 조직관리에서 흔히 생기는 문제가 우리 팀에서는 발생할 수 없었다. 우리 팀은 자연스럽게 이상형으로 구성되었는데, 2000년대 용어로 진짜 IPT(Integrated Project Team, 프로젝트 통합 수행팀)이었다. 다양한 전공의 연구원과 기술원, 그리고 관리자와 행정원이 빠짐없이 있었다. '백만 불'의 역회전 측정장치를 만든 기술원은 정말 다재다능하여 구하기 힘든 기자재를 뚝딱 만들어냈다. 팀원들 모두가 서로의 가치를 존중해주었다. 많은 팀원들이 연구소 내 직장생활에서 가정생활 이상으로 행복감을 느끼고 있었다.

행운을 가져온 예비군 훈련 1983년

1983년 어느 날 나는 안흥시험장에서 개량형 로켓의 비행성능확인 기술시험으로 로켓 10발을 준비하여 30km 사거리에 사격시험을 하고 있었다.

그런데 이제까지 다연장로켓을 1,000발 이상 비행시험을 했지만, 처음으로 비행 도중 약 15km 지점에서 낙탄落彈이 발생했다. 도저히 이해할 수 없고, 눈과 귀를 의심해야 하는 그런 현상이었다. 3발을 더 쏘아 시험을 했지만 마찬가지였다. 더 이상 시험을 진행할 수 없었다. 대전으로 돌아온 나는 원인 분석에 돌입했다. 그러나 워낙 불가사의한 현상이어서 그 사유를 설명해줄 사람이 없었다. 이대로는 개량형 로켓의 개발이 진전될 수 없었다. 나는 몇 날 며칠을 자나 깨나 낙탄 원인에만 골몰했다.

그러던 어느 날 운동장에서 예비군 훈련을 받던 중이었다. 휴식 시간에 잔디밭에 앉아 풀리지 않는 낙탄 원인을 떠올렸다. 마침 파란 하늘을 배경으로 흘러가는 구름을 응시하던 나에게 번뜩 스치는 것이 있었다.

'맞아! 틀림없이 문제의 로켓 날개에는 1도 경사각이 없을 거야! 아마도 창원 공장의 작업자가 실수로 경사각 주는 것을 빼먹었을 거야!'

이런 가능성만 떠올리고도 나는 뛸 듯이 기뻤다. 예비군 훈련이 끝나자마자 나는 연구실로 돌아와 팀원들을 불러들여 즉석 세미나를 가졌다.

교과서에서나 보던 공명 현상 출현

나는 로켓의 낙탄 원인을 분석하여 다음과 같이 결론을 내렸다. 로켓 운동 안정성에서 공명resonance 현상으로 인해 불안정 요인이 감쇄되지 못하고 발산하여 비행 중 큰 공기저항을 받아 로켓이 중간에 떨어졌다. 그리고 공명 현상은 바로 날개의 1도 경사각을 누락시켰기 때문에 나타났다.

즉, 날개의 1도 경사각을 누락시키면 로켓은 이론적으로는 비행 구간 대부분에서 스핀하지 않지만, 실제로는 초당 약 1회전씩 자연적으로 천천히 스핀하게 된다. 이러한 의도하지 않은 회전 운동이 비슷한 주기의 피치 또는 요yaw 운동과 마주치면 피치 또는 요 운동의 진폭을 확대 발산시키는 공명 현상을 일으킨다.

나는 1979년 작성한 선임연구원 승격심사 논문에서 아래 그림의 식 (7-1)과 (7-2)로 개량형 로켓의 피치pitch 운동 주기를 계산한 결과 초당 약 1사이클이 되어, 스핀 운동과 공명 현상을 일으킬 수 있음을 입증했다.

나의 팀원들은 내 발표를 확실하게 이해하지는 못했지만 뒤이어 실물에서 사실로 파악된 날개의 1도 경사각 누락을 확인하고는, 안흥시험장에 가서 재확인 비행시험을 하기로 했다. 결국 안흥시험장에서의 확인 비행시험으로 나의 원인 분석은 실험적으로 입증되었다. 개선 대책은 제작 과정에서 실수하지 않도록 최종 검사 단계에서 간단하게 날개의 경사각을 확인하는 전용 측정기구를 만드는 것이었다.

우리는 또 한 번 연구개발 업무에 희열을 느끼며 우수하고 완벽한 제품을 만들게 되었다. 1970년대에 기본형 로켓을 개발할 때에는 이와 같은 공명 현상의 가능성에 대해 생각하지도 못했다. 기본형 로켓은 개량형 로켓과 피치 운동의 고유 진동수가 약간 달랐기 때문에 운 좋게 문제를 일으키지 않았던 것이다.

나는 안도의 한숨을 쉬었다. 날개 경사각을 누락시킨 작업자의 간단한 실수로 많은 비용을 들이며 큰 고생을 했다. 한편으로는 책에서만 보던 공명 현상을 실제로 겪고 그것을 규명하게 되어 커다란 성취감을 느꼈다.

Wave length of yaw(σ)는 다음과 같다.

$$\sigma = 2\pi \sqrt{\frac{2I}{\rho S(S.M.)\, D\, C_{N\alpha}}} \qquad (7\text{-}1)$$

즉 σ 는 (S.M.)이클수록 짧고 moment of Inertia 가 클수록 길다.

Pitch Rate 와 σ 의 관계는 다음과 같다.

$$\text{Pitch Rate (Cycle/sec)} = \frac{V_{missile}}{\sigma} \qquad (7\text{-}2)$$

저자의 선임연구원 승격심사 논문(1979)에서의 피치 또는 요 운동의 주기 계산

연구개발에서 어떤 경우는 모르는 것이 약이 되고 무식하여 용감할 때도 있지만, 결국은 운이 따라 주어야 성취할 수 있다.

다연장로켓 대대장 이취임식과 기적의 자동차 전복 사고

1986년 1월 전방의 다연장로켓 대대에서 대대장 이취임식이 있었다. 신임 대대장이 바로 나의 친구이기도 해서 참석차 혼자 승용차를 몰아 부대로 향했다.

고속도로와 서울 시내 도로는 제설 작업이 되어 있어서 운전에 어려움이 없었다. 서울 시내를 지나 자유로 쪽으로 들어서자 도로는 완전히 눈밭이었다. 무심히 내리막 커브 길을 내려오던 나는 뒤늦게 브레이크를 밟았다. 내 자동차 프레스토는 완전히 통제 불능 상태로 미끄러져 중앙선을 넘어 반대편으로 갔다가 필사적으로 꺾은 핸들 때문인지 중앙선을 되넘어 가로수를 들이받고 길옆의 도랑에 전복되었다.

한참 뒤 정신을 차린 나는 좌석에 거꾸로 매달려 있음을 알아차렸다. 안전벨트를 푼 뒤 옆문을 밀쳐 열고 차 밖으로 기어 나왔다. 온몸을 살펴보아도 기적처럼 별 상처가 없었다. 시외버스나 트럭 같은 대형차와 충돌했다면 사망했을 텐데 운 좋게 도로가 텅 비어 있었던 것이다. 눈길의 뒤집어진 차 옆에서 한동안 망연자실 서 있었다. 시계를 보니 이취임식까지는 조금 시간이 남아 있었다. 처음 당한 차 사고라서 무엇을 어찌해야 할지 모르겠고, 마침 다친 데도 없으니 차를 버려두고 이취임식에 다녀오자는 생각이 들었다. 나는 지나가는 택시를 잡아타고 부대로 갔다. 가까스로 이취임식에 참석한 뒤 나는 친구인 신임 대대장에게 급한 일이 있다며 양해를 구하고 부대를 나와 사고 현장으로 황급히 돌아왔다.

그런데 사고 현장에는 황당하게도 뒤집어진 내 차가 없었다. 나는 그제야 보험회사에 전화할 생각이 들었다. 보험회사 직원이 수소문하여 의정부의 한 정비 공장으로 끌려간 차를 찾아주어 수리를 했다. 나의 첫 번째 대형 교통사고는 이렇게 마무리되었다.

이번이 처음은 아니지만 그날 내 앞에는 죽음이 도사리고 있었다. 아직 더 고생하며 유도무기를 개발하라는 하늘의 뜻이었는지도 모른다.

폭탄주를 거부한 폭탄선언

나는 개량형 다연장로켓을 개발하면서 기본형 체계를 개발할 때와 똑같은 고민에 빠졌다. 많은 자원이 필요한 사표 개발을 위한 비행 실험 계획을 어떻게 세워야 최적 설계가 될 것인가? 틈틈이 외국의 사례와 문헌을 참고했지만 해답을 찾을 수 없었다. 생각 끝에 나는 통계학을 제대로 공부하며 해답을 찾아야겠다고 결론을 내렸다. 그러나 눈앞에 닥쳐 있는 개발 일정을 생각하니 공부하는 것을 또다시 미룰 수밖에 없었다.

나의 팀은 기본형 때의 경험을 참고하고 최적의 실험 계획에 대해 고민하면서 나름대로 최선의 계획을 세운 뒤 안흥시험장으로 갔다. 1985년 무더운 여름, 지금은 골프장으로 사용하고 있는 해변가 발사장의 땡볕 속에서 웃통을 벗어젖힌 채 사표를 개발하기 위한 비행시험사격을 했다.

그 뒤 어느 초가을 주말에 가족과 함께 계룡산 계곡에 놀러가서 햇볕에 잠시 나가 있던 나에게 이상한 현상이 나타났다. 나의 온몸이 붉은 두드러기로 가득 찼다. 심각한 것은 아니어서 그늘에서 진정하니 다행히 두드러기는 가라앉았다. 그러나 그 뒤부터 햇볕에 조금 오래 노출되거나 술을 마시면 내 몸에는 어김없이 두드러기가 돋았다. 인삼차와 같이 보통 몸에 좋다는 것도 대부분 알레르기를 일으키게 되었다. 면역 체질이 변한 것으로, 술을 좋아하던 내게는 평생 전화위복이 되었다.

한번은 그로 인해 같이 일하는 군인들과 회식에서 어색해지기도 했다. 폭탄주를 의무적으로 마시는 자리에서 폭탄선언을 하게 된 것이다. 폭탄주를 강요하면 추후부터는 회식에 나오지 않겠다는 폭탄선언을.

130mm 다연장로켓 개량형 사격운용시험평가, 할 곳이 없다

기본형 때와 달리 개량형을 개발할 때에는 육군 교육사령부의 시험평가단 조직이 있었다. 그들과 함께 운용시험평가를 위한 육상사격시험을 하러 1986년 다시 전방으로 갔다. 이제는 대폭 증대된 최대사거리 사격을 할 수 있는 지역을 찾아야 되는데, 국내에서는 마땅한 군 사격장과 표적을 설치할 탄착지를 찾기 어려웠다.

고민 끝에 우리는 최대사거리 시험 사격 장소로 포천 지역 하천변의 백로주 유원지를, 중간 사거리 사격 장소로 구룡포부대 연병장을 각각 결정했다. 탄착지는 최전방의 벌판으로 정했다. 이 벌판도 농지여서 경작하는 농부의 양해를 얻어야 했지만, 그가 지주도 아니었고 시절이 3월이어서 아직 모내기철이 안 되었다고 생각하고 그냥 사격시험을 진행했다.

육지에서 개량형을 사격하는 것은 처음이었다. 과연 탄착지에 무사히 탄착할 것인가 하는 초조함은 1981년의 기본형 때와 마찬가지였다. 사거리가 길어진 데다 로켓이 비행하는 지역에는 많은 주민들이 살고 있어 걱정이 더했다. 만약에 사고가 발생하면 모든 책임을 나와 국방과학연구소에게 물을 터였다. 자신감이 있어서 계획했지만 보통 사람 입장에서 보면 무모하기 짝이 없고 엄두조차 못 낼 일이었다.

한국의 육상 사격장 현황

마침내 경기도 포천의 하천변 백로주 유원지에서 지나가는 시외버스를

130mm 다연장로켓 개량형 운용시험(1986) 위는 국도변 1문 일제사(36발) 사격(경기도 포천 백로주 유원지), 아래는 아이스크림고지 탄착 장면이다.

통제하며 0.5초 간격으로 36발 일제 연속사격을 했다. 과연 위력적이고 원거리에 표시된 표적 안에 정확히 탄착했다. 잠시 통제되어 서 있던 시외버스의 승객들은 순식간에 일어난 상황과 폭음에 놀라며 전쟁이 벌어졌나 어리둥절해하고 있었다.

모두들 성공적이었다며 그날 시험을 마치고 발사장을 정리하는데, 농부 몇 사람이 달려와 항의를 했다. 사격 폭음에 놀라서 양계장의 병아리들이 날뛰다가 서로 짓밟혀 모두 죽었으니 변상하라는 것이었다. 또 다른 농부는 돼지가 사산을 했다며 울고 있었다. 시험팀도 난감했다. 다행히 시험에 동참했던 로켓 생산 조립업체 대표가 흔쾌히 모두 물어주기로 약속하고 그 농부들을 돌려보냈다.

이 시험사격이 대한민국의 일반 거주 지역에서 실시된 마지막 사격이었을 것으로 추정된다. 그해 여름 부대원들에게 뒤늦게 전해 들은 말로는, 탄착지에 농사짓는 농부가 모내기를 하던 중 폭발 파편들에 발을 다쳤다고 항의를 했다고 한다. 안타깝지만 그럴 수도 있겠다 싶었다.

지금 생각하면 쏘아서는 안 될 곳으로, 아니면 사전에 농사를 금지시켜야 했을 곳으로 시험사격을 했던 것이다. 대한민국에는 안전한 간접사격 훈련장이 사실상 없는 것이 현 실정이다.

130mm 다연장로켓은 비싸다?

이렇게 2단계의 개량형 체계 개발에 이어서 분산탄두 개발을 주 내용으로 하는 130mm 다연장로켓의 3단계 개발과, 화력을 대폭 증대시킬 수 있는 대구경 다연장로켓 체계 개발을 계획하여 군에 제시했다.

그러나 국산 다연장로켓 생산은 2000년대까지 계속되었지만, 연구개발 과제는 2단계까지 마친 뒤 중단되고 말았다. 개발 중단 배경에는 여러 가지가 있는데, 첫째가 보수적인 군인들의 사고방식이었다. 그 당시 국산 다연장로켓의 단가는 약 200만 원이었다. 이는 객관적인 국제 시세보다는 낮지만, 화포 탄약 대비 매우 비싸다는 것이었다. 그리고 한국의 포병 군인들에게 로켓은 낯선 무기 체계였으므로 다수가 105mm나 155mm 화포를 선호했다. 세계적 발전 추세에 반하는 이러한 사고방식을 바꾸려고 많은 노력을 했지만 중과부적이었다. 2단계까지 개발한 것만 해도 그 당시의 한국적인 상황에서 기대 이상이었다고 할 수 있다.

130mm 다연장로켓 개발 성공 기념 메달

나의 팀은 심혈을 기울여 개발한 130mm 다연장로켓 기본형과 개량형 체계가 우수한 품질로 생산 관리되고 전방의 로켓 부대에서 안전하고 정확하게 운용되도록 지원하는 한편, 다음 연구개발 사업을 준비했다.

나는 대한민국 육군 야전포병의 새로운 무기 체계인 다연장로켓 체계를 개발한 것에 대해 큰 자부심을 느낀 나머지, 사비를 털어 기념 메달을 만들어 사업에 참여한 모든 동료들과 나누어 가졌다. 기념 메달 뒷면에는 다음과 같이 적었다.

> 서로 사랑하여
> 나를 낳고 길러주시는 그대여!
> 나라를 위해 당신이 바친 정열,
> 영원하소서.
> 단기 4320년

또 하나의 숙제에 도전 1987년

한편 나는 뒤늦게나마 연구개발 과정에서 계속 고민해왔던 학부 전공과는 전혀 다른 분야인 통계학 공부에 도전하기 위해 정상 출근 근무를 하며 시간제로 대학원에 다니는 근무 위탁 교육을 신청했다. 마침 내가 책임지고 추진하던 사업이 마무리되어 연구소에서는 교육 신청을 승인했다. 대학원 측에서는 학부에서 전공과목을 전혀 이수하지 않은 입학 신청자를 두고 교수들이 논란을 벌였다.

결과적으로 교수들의 배려에 따라 나는 1987년 봄부터 통계학을 배우기 시작했다. 배움은 재미있었지만 뒤늦게 입학하여 다른 분야 학문을 전공한다는 것이 얼마나 어려운가를 실감했다. 늘 바쁜 연구소 직장생활과 따라가기에도 바쁜 학교생활, 그리고 가장 역할을 소홀히 할 수 없는 가정생활의 삼중고였지만 열심히 공부했다.

대학원에서의 나의 논문 주제는 입학 때부터 지도교수와 협의하여 정해놓았다. 통계학을 공부하고자 하는 나의 관심은 오로지 '로켓 사표 개발을 위한 통계 모형 및 최적 설계에 관한 연구'였다. 지도교수에게 공부하고자 하는 목표를 설명하고 양해를 얻어 집중한 결과, 나는 1989년 가을 그러한 제목의 논문을 제출하고 대학원을 졸업하게 되었다. 교수들은 계속 공부할 것을 권유했지만, 연구소에서 나를 기다리고 있어서 계속할 수가 없었다. 나 또한 일단 궁금증을 해소하고 고민을 해결했기에 석사학위 취득으로 만족했다.

통계학을 공부하면서 나도 모르는 사이에 시야가 굉장히 넓어졌다. 그리고 나는 어느새 연구원이라면 어떤 전공을 했든 반드시 부전공으로 통계학을 공부해야 한다고 주장하고 있었다. 통계학은 많은 세부 분야가 있지만, 넓게는 수학의 한 분야로 누구에게나 필요한 지식이었던 것이다.

우리는 어수룩한 바보였다

대량으로 생산되고 전력화된 다연장로켓과 관련하여 대군 기술지원 요구 등의 많은 업무가 늘 나의 팀을 따라다녔다. 나에게는 대추나무에 연 걸리듯 매일 방방곡곡에서 질문 전화가 걸려 왔다. 국방과학연구소가 개발하여 전력화한 무기 체계에 대해서는 기술적으로 연구소가 완전히 손을 떼기 어렵다. 도덕적인 책임감도 있지만 무엇보다 고객과 상부 기관 모두가 연구소의 책임이라고 생각하기 때문이다.

그러나 연구소의 인력 사정이 워낙 어려워서 일단 개발이 끝나면 그 개발 조직은 없어진다. 기술지원 업무가 발생하면 별도의 예산도 없이 예전에 그 조직에 있던 사람에게 떠맡기게 된다. 이런 지원 업무는 가욋일로 여겨지므로 인정과 보상을 기대할 수 없고 책임은 떠맡은 사람에게 돌아간다. 사정이 이렇다 보니 연구원들은 지원 업무가 떨어지면 서로 미루고 도망 다니며 갈등을 일으킨다. 이러한 병폐가 지속되는 한 국방과학연구소는 밖에서 기술지원과 자문을 애타게 기다리는 군으로부터 비난을 면할 수 없게 된다.

지원 서비스의 일부는 해당 방위산업체에서도 할 수 있지만, 손익을 중시하는 업체 입장에서는 계약에 의하지 않으면 계속해줄 수도 없다. 해외 도입에 비해 국내 개발의 이점은 문제 해결과 필요한 서비스를 신속히 할 수 있다는 것이다. 국내 개발을 촉진시키기 위해서라도 위와 같은 병폐는 반드시 시정되어야 한다.

여하튼 나의 팀원들은 다른 사업을 수행하면서 개발한 지 25년이 지난 현재까지도 다연장로켓과 관련하여 기술 서비스를 제공하고 있다.

우리는 힘들어하면서도 자신이 개발한 무기 체계의 신뢰성에 대해 큰 자부심을 갖고 있었다. 운이 좋아서도 그렇겠지만 많은 다연장로켓 부대에서 수없이 훈련사격을 하면서 그동안 운전 사고 외에는 무기 체계의 불완전으로 인한 사망 사고가 없었다. 사실 우리는 개발한 무기 체계의 신뢰성을 유지하는 데 필요한 기술지원을 기꺼이 제공해왔다.

130mm 다연장로켓 낙탄 사고, 폭풍의 전말

생산원가 절감은 경쟁력 확보에 필수적이다.
그러나 원가절감에 성공하려면 기술이 있어야 한다.
너무 쉽게 생각한 원가절감 시도가 큰 재앙을 불러왔다.

130mm 다연장로켓, 운이 있었다

130mm 다연장로켓 부대들은 매년 훈련사격을 자체적으로 잘 해오고 있어서 언제부터인가 질문 전화가 많이 줄었다.

그런데 1998년 가을 어느 날 긴급 전화가 전방에서 날아왔다. 훈련사격 중이던 저녁 무렵 로켓 한 발이 포목선line of fire 상의 중간 지점인 한 부대의 식당 옆 부식 창고에 떨어져 폭발했다는 것이다. 인명 손상이 없다고 하여 한시름 놓았지만, 그것은 운이 좋았기 때문이었다. 로켓 낙탄은 부식 창고 쌀자루 위에 벗어둔 한 병사의 옷에 수많은 구멍을 남기고 창고를 박살 냈다. 그날 그 부대의 정훈 교육이 길어지지 않았다면, 로켓 파편이 저녁 먹으러 식당 앞에 길게 줄 선 병사들을 덮칠 뻔한 아찔한 사고였다.

 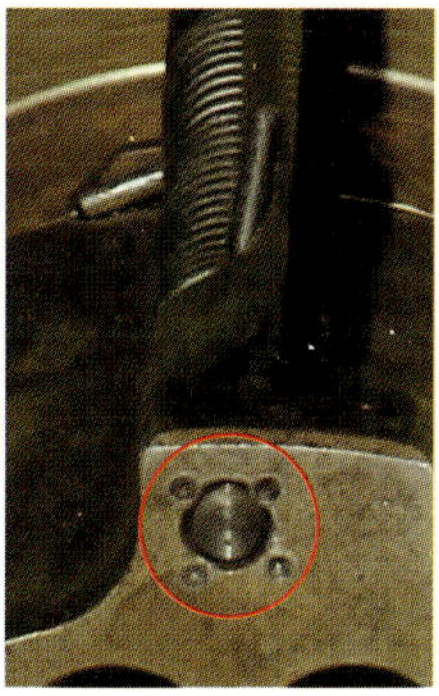

다연장로켓 낙탄 사고로 박살 난 부식 창고와 낙탄 사고의 원인인 날개축의 고정 작업

국방과학연구소의 과거 다연장로켓 개발팀과 국방품질관리소, 생산업체 요원 등이 조사에 나섰다. 마침 사고 현장 부근에서 폭발 로켓의 잔해물을 발견했다. 잔해물 분석 결과 로켓의 날개 4개 중 하나가 비행 중에 빠져나간 것이 분명했다.

사고 원인 분석과 대책 수립 합동팀이 구성되었으나 책임과 비용이 걸린 문제여서 쉽게 정리되지 않았다. 로켓의 날개 조립체 생산업체는 자기네는 국방규격과 기술자료에 제시된 스펙대로 만들었고, 날개가 비행 중에 빠져나갈 수 없다고 계속 주장했다.

다연장로켓 사고 원인을 둘러싼 공방

국방과학연구소팀은 정상적이던 날개가 왜 빠져나갔을까를 조사한 결과, 날개축이 빠지지 않도록 고정시키는 작업 공정을 생산업체가 변경하여 낙탄이 일어났음을 파악했다. 그리고 수년 전부터 임의로 변경한 공정으로 생산하여 그 양이 매우 많음을 확인했다. 그 업체는 생산원가를 절감하기 위해 공정을 변경했던 것이다. 그러나 변경된 공정이 완벽하지 않아서 납품된 제품을 확인한 결과 날개축이 빠져나올 가능성이 많았다.

결과적으로 문제의 공정으로 생산한 제품을 모두 수리해주어야 하는데, 그 비용이 100억 원대에 달할 것으로 추산되었다. 책임과 비용을 감안한 생산업체는 결사적으로 자기 책임을 부정했다. 그 업체는 일반 대학의 어느 교수에게 의뢰한 실험 결과를 제시하며 합동팀의 원인 분석 결과를 반박했다. 이것이 여의치 않자 국방과학연구소가 국방규격과 기술자료를 잘못 만들어서 그렇게 되었다고 대들었다. 생산품의 품질에 대해 감독 책임이 있는 국방품질관리소 일부 요원들도 그 업체 입장을 두둔했다.

그 생산업체는 문책을 당하면 소송을 제기하겠다고 하면서 변호사 관련 서류를 내보이며 국방과학연구소 팀원들을 협박했다. 연구소 팀에서도 타협적으로 어정쩡하게 말하는 사람들이 나타나기 시작했다. 그 업체는 전방위적인 공세를 펴서 나의 상사에게도 압력을 가하고, 내 주변을 수소문하며 약점을 캐내고 있었다. 나는 퇴근길에 위해가 두려워 빙글빙글 우회해서 뒤를 살피며 집에 가곤 했다. 그들은 술을 끊은 나를 회유하기 위해 술집으로 끌고 가기도 했다.

그러나 내 생각은 확실했다. 사고 원인은 분명했고, 원인을 제거하지 않으면 인명 사고를 낼 것이 뻔했다. 적당히 넘길 사안이 아니었다.

130mm 다연장로켓의 신뢰도와 인명 보장을 위한 악역

나는 소송을 할 경우, 낙탄의 날개축을 조립한 업체가 지연작전을 펴거나 막강한 배경을 동원하여 진실이 뒤집어지지 않을까 걱정했다. 그리고 이 사건으로 인해 국방과학연구소 연구팀원들이 파가 갈리고 갈등의 골이 깊어질 것이 두려웠다. 나는 생산업체의 터무니없는 주장을 하나하나 반박해가며 대책 수립 합동팀원들을 설득했다. 결국 몇 달 만에 그 생산업체는 합동팀의 원인 분석 결과를 수용했고, 해당 로켓을 모두 수리해주는 것으로 결말을 보았다.

이 사건으로 인해 나도 많은 것을 잃었다. 인기가 추락하고 주변 사람들에게 기피 인물이 되고 말았다. 관련 기관과 방산업체로부터 정상적인 업무 협조를 받을 수도 없었다. 나는 오로지 국내에서 연구개발한 다연장로켓의 신뢰도를 지켜서 인명 사고를 예방하기 위해 기꺼이 악역을 수행한 것이었다. 연구소도 이 사건 때문에 장기간 핵심 기술 연구에 쏟을 인력과 시간을 빼앗겼다. 하지만 국내에서 개발한 무기 체계의 신뢰성과 안전성을 확보하기 위한 괴롭고도 가치 있는 투쟁을 한 사건이었다. 부수적으로 국방규격과 기술자료의 개발, 그리고 형상통제관리가 얼마나 중요한가를 다시 한 번 일깨워주었다.

그런데 이 사건은 이후에도 조용히 종결되지 않았고, 몇 년 뒤인 2001년에 더 큰 사건으로 확대되고 말았다.

130mm 다연장로켓 낙탄 사고의 후폭풍

2001년 어느 날 국방부에서 특명검열단 감사관이 내려왔다. 그동안 잊고 있었던 130mm 다연장로켓의 날개축 수리 문제를 추궁하기 위해서였다.

감사관의 설명을 들어보니 지난 1998년의 낙탄 사고 결과의 후처리, 즉 이전에 납품된 130mm 다연장로켓의 날개축 수리가 해당 방산업체의 성의 부족으로 지지부진했던 것이다. 감사관은 그 낙탄 사고의 원인 분석에서부터 그동안 진행된 사고 결과의 후처리까지 전 과정을 다시 짚어가며, 국가적으로 입은 손해에 대해 책임을 추궁하고 처벌하고자 했다. 나는 감사관에게 있는 그대로, 그러나 관련자들이 가능한 한 처벌을 받지 않도록 고려하면서 사실을 이야기해주었다.

그러나 국방부 특명검열단 측은 이미 서울에서 1차 감사를 하며 책임

소재를 확인하고, 이 사건을 일으킨 해당 업체와 국방품질관리소 관련자들을 처벌하기로 결정한 상태에서, 연구개발자인 국방과학연구소 담당자에게 확인하기 위해 온 것이었다.

어느 방산업체가 비용 절감 등의 목적으로 어떤 제작 공정을 변경하려면 품질관리 감독 기관인 국방품질관리소의 승낙을 받아야 한다. 국방품질관리소가 독자적으로 판단할 수 없을 때나 중요한 내용의 형상 변경을 할 때에는 해당 물품의 연구개발자인 국방과학연구소에 문의를 해야 한다. 이러한 절차를 거치지 않고 방산업체가 임의로 제작 공정을 변경한 것이 큰 화를 불러일으킨 것이었다.

마지막 문제는 사건 발생 이후의 깨끗하지 못한 후처리 과정이었다. 단 한 건의 사례였지만 많은 교훈과 함께 큰 후유증을 남겼다.

감사와 징계를 받게 된 직접적인 이유는 낙탄 원인에 대한 수리를 조속히 하지 않았고, 그 비용을 투명하게 처리하지 않았다는 것이었다. 근본적인 이유는 원가절감이라는 좋은 의도가 있었으나, 업체가 임의로 공정을 변경하는 등 형상관리 통제가 제대로 지켜지지 않은 데 있었다.

이 사건으로 징계를 받은 사람들은 모두 나와 업무상 알고 지내는 사이로 관계 악화는 불문가지였다. 내가 직접적인 가해자는 아니었지만, 그들의 잘못을 입증했기 때문이다.

국방부 특명검열단에서는 사고 원인 분석과 대책 수립을 정직하게 한 국방과학연구소에 대해서는 표창 수여를 거론했다. 나는 불 난 집에 기름을 붓는다고 하며 극구 사양했다. 나는 징계를 받은 사람들에게 위로의 감정을 갖고 있었지만 또다시 신변의 위험을 느꼈다. 몇 년 뒤 국방품질관리소 및 관련 업체와 업무를 추진하는 과정에서는 불이익을 감수해야 했다.

북한 다연장로켓의 위협

비대칭 위협인 북한의 방사포를 무시해서는 안 된다.
제2차 세계대전에서 구소련은 다연장로켓으로 일거에 승전의 기회를 잡았다.

북한의 다연장로켓

북한은 다연장로켓을 방사포放射砲라고 한다. 그들은 1970년대에 이미 소련의 BM-21을 모방한 구경 122mm 방사포 BM-11을 개발하여 대량생산했고, 1980년대에는 외국에 수출도 했다. 122mm 기본형 로켓의 최대사거리는 약 20km인데, 사거리 연장형을 포함한 많은 종류의 로켓을 개발하여 운용하고 있다. 심지어 그들은 화학탄까지 다량 보유한 것으로 알려져 있다.

북한은 122mm 외에도 많은 종류의 방사포 로켓을 개발하여 야전에 배치하고 있다. 가장 큰 것은 240mm 방사포로서 최대사거리가 약 60km로 알려져 있다. 이 대구경 240mm 방사포가 소위 '서울 불바다' 위협을 가능하게 하는 '장사정 포'의 핵심이다. 그들은 많은 방사포를 휴전선 인근

북한의 방사포 "서울 불바다" 위협을 하는 "장사정 포"의 핵심이다.

의 동굴 속에 배치해놓고 재빨리 치고 빠지는 훈련을 하면서, 툭하면 '서울 불바다' 위협을 해오고 있다.

실제로 서울과 휴전선 간의 거리는 약 40km이며, 대량 화력을 기습적으로 투발投發하는 방사포의 특징을 감안할 때, 그들의 위협을 절대로 무시해서는 안 되는 상황이다.

아! 연평도

북한의 '서울 불바다' 협박을 두고 누가 어떻게 하겠지 하면서 편안하게 잠을 잔다는 것은 너무 안이한 것이 아닐까? 물론 그동안 한국군은 많은 대책을 준비해왔지만, 모든 것이 변화하는 환경에서 언제부터인가 자주 듣던 '유비무환'이라는 말이 사라진 것 같아 걱정된다. 다연장로켓의 기습적인 대량 화력 공격 능력은 정말 무시할 수 있는 수준이 아니다. 이러한 걱정을 하고 있는데, 이번에는 실제 상황이 벌어졌다.

2010년 11월 23일 초조감에 사로잡힌 북한이 드디어 공개적으로 대한민국 영토인 연평도에 방사포 공격을 자행한 것이다. 나는 2010년 3월 26일 북한의 어뢰 공격으로 백령도 근해에서 폭침당한 천안함이 전시되어 있는 해군 2함대사령부에 다녀오는 길에 연평도 피폭 뉴스를 들었다.

마치 살인범이 변명을 하는 것처럼 북한은 터무니없는 트집을 잡으며 군부대와 민가를 가리지 않고 포격 도발을 한 것이었다. 그들은 해안포 사격도 했지만, 두 차례에 걸쳐 주로 122mm 방사포를 사용하여 연평도 일대를 불바다로 만들며 또 한번 호전성을 드러냈다.

한편 대한민국의 해병대는 공격을 받으면서도 즉각적으로 K9 자주포로 대응사격을 했다. 포병을 잘 모르는 사람들은 해병대의 대응사격이 너무 늦었다고 비난했지만, 포병을 잘 아는 내가 볼 때 대한민국의 해병대는 말 그대로 '귀신 잡는 해병대'로 화염 속에서도 매우 용감하고 신속하게 대응사격을 한 것이다.

연평도를 포함한 서해 5도 주변의 바다와 하늘은 남한과 북한 모두에게 놓칠 수 없는 먹잇감이다. 이곳은 6·25전쟁 이래 남한의 소유였다. 그런데 북한이 무력으로 이것을 빼앗으려 하는 것이다. 북한은 이 싸움을 자기네 내부 단결에 이용하려는 의도도 엿보이고 있다.

북한의 연평도 포격 도발 와중에도 신속 대응사격을 하는 해병대

그럴듯한 배경을 가지지 않은 전쟁은 없다. 전쟁을 잠재우는 확실한 수단은 월등한 힘의 우위뿐이다. 힘이 약하면 먹잇감을 빼기는 것은 당연하다. 상대가 물면 물려 죽을 수밖에 없는 것이다.

한반도의 평화, 언제나 이룰 수 있을까?

3부

한국, 초강대국 미국과 불가분의 관계

초강대국 미국은 선진국이며 한국의 동맹국이다. 미사일 개발에서 줄다리기를 해오고 있지만, 선진국 미국을 배워야 한다.

나를 울린 전술 지대지 유도무기 개발과 MLRS/ATACMS 도입

기관 간에도 허심탄회한 대화와 의사소통이 중요하다.
대화와 소통의 부족으로 갈등을 겪으며,
전술 지대지 유도무기의 국내 개발을 취소하고 해외 도입으로 결정했다.

미국의 다연장로켓 MLRS 개발과 한국 배치 1984년

한편 미국은 1983년에 구경 227mm, 최대사거리 32km의 다연장로켓 MLRS 기본형 체계를 나토 5개국과 공동으로 개발했다고 발표했다. 한국과 비슷한 시기에 다연장로켓 개발에 착수한 미국은 성능과 소비 시장 확보 등의 장기적인 관점에서 완전 자동식 대구경 다연장로켓 체계로 방향을 설정한 것이었다.

미국은 한국을 가장 큰 수출 시장으로 판단하여 MLRS의 개발을 완료하자마자 1983년 말 주한 미군에 배치하고, 한국 군인들에게 홍보하기 시작했다. 국방과학연구소의 우리 팀원들도 미국 MLRS 개발회사의 홍보 소

1991년 걸프전에서의 MLRS 실전사격

개회에 참석했는데, 많은 기술적인 질문을 따지듯이 하는 통에 미국 측이 난감해하곤 했다.

국산 130mm 다연장로켓과 미국의 227mm 다연장로켓 MLRS는 크기와 가격이 많이 달라서 직접적인 시장 충돌은 피할 수 있었지만 경쟁 관계에 있었다. 미국 측은 MLRS의 사용자인 주한 미군과 방산업체를 동원하여 한국을 대상으로 집중적인 홍보, 판매 활동을 벌였으나 뜻을 이루지 못했다. 한국이 자체 개발한 130mm 다연장로켓인 구룡 체계 때문에 1980년대에는 한국 시장을 포기하고, 주한 미군에만 2개 대대를 배치했다.

1984년 그 당시 한국의 군인들 입장에서도 국산 다연장로켓이 있었기 때문에, 완전 자동식이고 값비싼 미국의 대구경 MLRS 체계가 반드시 필요하다는 주장을 하기는 쉽지 않았다. 한국이 구룡 체계를 3~4년 늦게 개발했거나, 1983년 당시에 개량형 체계의 개발을 진행하고 있지 않았다면, 미국의 MLRS 기본형 체계는 1980년대에 한국에 도입되었을 것이다.

미국의 MLRS/ATACMS 체계 등장과 한국의 전술 지대지 유도무기 탐색 개발

그런데 미국은 대구경 다연장로켓 MLRS 체계와 발사대·사격통제장치를 함께 쓰는 전술유도탄 에이태킴즈ATACMS를 개발하기 시작했다. 1990년에 사거리 165km의 ATACMS 기본형 유도탄 개발을 완료하고, 1991년에는 걸프전 실전 환경에서 이라크군을 상대로 운용시험평가를 했다. ATACMS 유도탄을 개발한 시기는 우연이겠지만 걸프전의 주요 작전 시기와 일치했고, 개발품에 대한 시험평가를 주관하는 미국의 육군은 아예 이라크군을 상대로 실전위력평가를 하기로 결정한 것이었다. 어렵게 모의 표적을 돈 들여 만들고 장기간이 소요되는 시험평가를 짧은 기간에 값싸고 생생하게 할 수 있다는 것은 연구개발자에게도 가슴 설레는 유혹이었을 것이다. 결론적으로 전쟁은 언제나 비극을 연출하며 패장은 발언할 자격이 없다.

이렇게 시험평가된 ATACMS 유도탄을 홍보할 때 미국 측은 언제나 '실전 입증'이라는 용어를 강조했다. 불행하게도 2010년에 한국에서 또 하나의 '실전 입증' 사례가 발생했다. 북한은 어뢰를 홍보하면서 그 생생한 '실전 입증' 결과를 제시할지도 모른다. 이것을 상상하면 한국인으로서 치가 떨리지만 와신상담하며 연구개발에 매진해야

MLRS에서 발사되는 ATACMS 미사일 1991년 걸프전에서 실전 시험평가를 거쳤고, 2003년의 이라크전에서도 그 위력을 발휘했다.

할 것이다.

미국은 개량된 MLRS/ATACMS 체계를 주한 미군에 서둘러 배치하고, 수출에 실패했던 MLRS 체계를 거울삼아 새로운 MLRS/ATACMS 체계를 홍보하며 수출 활동을 전개했다.

그런데 한국 육군은 1980년대 말에 미국이 개발 중이던 ATACMS 유도탄과 유사한 성능의 전술 지대지 유도무기의 필요성을 제기했다. 국방과학연구소에서 현무를 생산하고 있었지만 이것은 2단으로 구성된 대형 유도탄인 반면에, 육군은 전술용으로 1단으로 된 작은 크기의 유도탄 체계를 요구한 것이다. 이에 따라 국방과학연구소에서는 전술 지대지 유도무기 체계를 국내에서 개발하기 위한 기초 연구를 하고, 1991년부터 2년 동안의 탐색개발 계획을 확정해놓고 있었다. 연구소에서는 이 프로젝트의 실무 책임자와 주요 추진팀으로 나의 다연장로켓 개발팀을 지정했다.

나의 팀원들은 더욱 발전된 다연장로켓을 개발하지 못해서 아쉬웠지만, 현무체계부로 통합되어 1991년부터 전술 지대지 유도무기 체계 탐색개발을 담당하게 되었다.

전술 지대지 유도무기 개발 싸움에 등 터진 새우

나에게 1991년은 연구소를 당장 그만두고 죽고 싶을 정도로 가장 어려운 해였다. 전술 지대지 유도무기 체계 탐색개발의 책임을 맡은 나는 사업 참여를 한 모든 연구원들과 예비 설계를 하며 개발규격을 작성했다. 그리고 각 분야별로 방산업체들과 탐색개발 시제 계약을 추진하고 있었다.

그런데 문제는 국방과학연구소를 감독하는 국방부에서는 다른 생각을 하고 있었다는 것이다. 국방부는 그 얼마 전에 그들이 승인하고 개발을 요구했던 전술 지대지 유도무기 체계 개발 사업을 취소, 중단시킬 계획을

개발 중단된 전술 지대지 유도무기 설계 모형

세웠다. 국방부와 국방과학연구소가 의사결정 과정에서 개발 중단과 계속 개발로 충돌하고 있었고, 나는 그 틈에 끼어 양쪽으로부터 견딜 수 없는 스트레스를 받게 되었다.

결국 사업 착수 7개월 만에 국방부는 일방적으로 공문을 보내어, 전술 지대지 유도무기 체계는 해외 구매를 계획하니 국내 연구개발을 중단하라는 지시를 했다. 그러한 개발 중단 지시를 연구 책임자가 쓸어 담는 것 또한 매우 어려운 일이었다. 이미 일부 분야에서는 방산업체와 시제 계약이 체결되어 예산이 집행되었기 때문이다. 어쩔 수 없이 나는 마무리하는 수정 계획을 작성하고 통사정을 하면서 겨우 대폭 축소된 계획을 승인받아 1992년까지 정리했다.

그래도 완전히 헛고생을 한 것은 아니었다. 이 어려운 때에 우리는 복합 소재로 만든 경량의 추진기관을 대한민국에서 처음으로 설계 제작하여 그 기초를 구축하는 등 몇몇 성과를 올렸다.

국방과학연구소에 대한 부정적 시각

연구소를 떠나고 싶도록 괴로웠던 당시의 나에게 그나마 운이 있었는지, 미국의 한 연구소에서 연구원 교환 근무 자리가 있다는 연락이 날아왔다. 무심한 나의 부서장은 다른 일을 하라고 하면서 승낙하려고 하지 않았다. 나는 하던 프로젝트를 마무리했으니 가야겠다고 주장하며 도망치듯 미국으로 1년 교환 근무를 떠났다.

나를 죽도록 괴롭혔던 상부 기관과의 의견 충돌 사건도 의사소통의 부족으로 인해 사건이 더 커졌지만, 내용 면에서는 국방과학연구소가 비난받는 전형적인 유형 중 하나였다. 즉, 외부 사람들이 볼 때 국방과학연구소 사람들은 자기가 하고 싶은 것만 하려고 한다는 것이다. 명령과 복종에 익숙한 군인들은 국방과학연구소 연구원들에게도 군이 요구하고 필요로 하는 것을 무조건 최우선으로 연구개발하라고 지시한다. 바꾸어 말하면 시키는 일만 하라는 것이다. 한편 외부의 다른 한 축인 방위산업체 역시 국방과학연구소 연구원들은 까다롭고 자기들의 요구를 들어주지 않는다고 비난한다. 그래서 업체의 요구를 들어주면 또 다른 감독자는 국방과학연구소가 업체와 유착되어 있다고 매도한다.

국방과학연구소는 어떤 경우에는 변명을 하고 싶어도 보안 문제 때문에 말도 못하고 동네북처럼 얻어맞기 일쑤다. 누가 변호를 해주고 싶어도 보안 문제와 기술적 전문성으로 설명과 설득이 쉽지 않다. 그리고 위험도가 높은 데다가 대부분 한국에서는 처음으로 시도하는 연구개발사업이므로 일반적인 기준으로 보면 낭비로 보이는 요소가 적지 않아 감사에서 지적당하기가 너무나 쉽다.

이러한 부정적인 외부 시각은 양면성이 있어서 연구소를 개혁시키는 작용도 하지만, 다른 한편으로는 연구원들의 도전 의식을 꺾고 무사안일에 빠지게 하여 죽은 연구소를 만들기도 한다. 그런데 신기한 것은, 이해관계가 얽히고 전문적인 지식이 필요한 검토 사항이 있으면, 믿을 데는 국방과학연구소밖에 없다고 하면서 연구소로 공문이 날아오거나 자문 요청이 들어온다는 점이다. 여하튼 국방과학연구소가 외부와 소통을 잘하기는 이래저래 어렵다.

미국의 MLRS/ATACMS 체계, 드디어 한국 수출 성공

한편 북한은 국방과학기술을 지속적으로 발전시키며, 러시아나 중국의 무기 체계를 모방하며 자체 개발한 로켓과 유도탄을 대량생산하여 배치하고 있었다. 뒤에 파악되었지만 그들은 오로지 국방과학기술의 개발과 군사력 건설에 모든 자원을 동원하고 있었다. 그리고는 서울을 인질로 잡고, 툭하면 불바다 협박을 하곤 했다.

미국도 이러한 북한을 지속적으로 감시하며 대응책을 계획했는데, 그 중 하나는 주한 미군에 최신의 전술 지대지 유도탄 ATACMS를 배치한 것이다. 그러면서 한국 측에도 홍보하며 도입을 권유했다. 1980년대에 MLRS 체계의 한국 수출에 실패한 미국 업체도 이번에는 성능이 개량된 MLRS/ATACMS 체계를 가지고 적극적으로 수출 홍보 활동을 전개했다. 1996년에는 드디어 그들의 수출 활동이 성공했다.

한국의 국방부는 1991년에 전술 지대지 유도무기 체계는 해외 구매를 계획한다고 하면서 국내 연구개발을 중단시켰는데, 그 해외 구매가 몇 년 뒤에 현실이 된 것이다.

국방과학연구소의 연구원이 해외 도입을 지원?

1996년 말 어느 날, 국방부에서 기술지원을 하라는 지시 공문이 왔다. 미국의 MLRS/ATACMS 체계의 도입에 필요한 사항을 파악하기 위한 국방부와 육군 팀의 미국 출장에 동행하여 기술지원을 하라는 것이었다. 국내 개발을 추진하던 것은 하지 못하게 하고 해외 도입하는 것을 지원하라고 하니, 정말 한심하다는 생각이 들었다. 그러나 국가적으로 많은 예산을 투입하는 큰 사업에 기술지원을 하라고 하는 지시를 거부할 수도 없었다.

그나마 국방부와 군의 해외 출장 팀에 국방과학연구소의 연구원을 포함시키려 한 것은 전과 다른 큰 발전이었다. 미국의 무기를 도입하는 나토 국가들은 연구개발이 아닌 해외 도입의 기술 조사에 군인들이 아닌 민간인 전문가를 보내고 있었다. 미국은 이런 전문가들에게 시달렸지만 수출하기 위해 감수하고 있었다. 그러나 후진국에는 어려움 없이 수출하고 있었다. 아무래도 민간 전문가보다는 군인들을 상대하는 것이 쉽기 때문이었다. 한국도 이제 후진국을 조금 벗어나려고 하는 시점이었다.

MLRS/ATACMS 체계의 도입을 준비하기 위한 한국팀에 국방과학연구소 연구원이 한 명 포함되어 있는 것에 대해 미국 측은 매우 신경을 쓰고 있었다. 뒤에 곧 알아챘지만 미국 측은 나의 이력에 대해 사전 조사를 해 놓고 있었다.

출장팀이 방문한 곳은 MLRS/ATACMS 체계를 개발한 연구소와 생산 업체 등이었다. 그 연구소는 바로 내가 1975년에 교환연구원으로 있었던 미국의 유도탄사령부였다.

내가 출장팀과 동행하며 기술지원을 한 것 중 하나는 기술적으로 전문적인 미국 측의 설명을 통역하고 보충하여 한국팀에 알기 쉽게 전달해준 것이었다. 미국 측이 이를 보면서 기술 유출을 우려하고 있음을 알 수 있었다. 미국 측은 때로는 상세한 설명을 중단하기도 했으며, 경우에 따라서는 군인들에게만 보여주어 나는 차에서 기다려야만 할 때도 있었다.

직구매보다는 기술협력 생산을

내가 수행한 다른 기술 지원 내용으로는 MLRS/ATACMS의 탄약, 즉 로켓과 유도탄은 수명이 한시적이고 주기적으로 신뢰성 시험평가를 해야 한다는 것을 한국팀에게 일러주면서, 가능하면 국내에서의 기술협력생산을 계획해보라고 코치한 것이었다. 여하튼 나는 많은 예산을 들여서 해외에서 도입하는 MLRS/ATACMS 체계가 제대로 운용되고 효과를 발휘할 수 있도록 기술지원을 했다.

결과적으로 MLRS/ATACMS 체계는 한국에 도입되었다. 1997년에 외환 위기가 발생하여 1차 분량만 먼저 들여오고, 2차 분량은 2000년대에 들여왔다. 먼저 들여온 1차 분량에서도 MLRS 로켓의 수량은 필수적인 양으로 조정되었다.

한편, 나는 MLRS/ATACMS의 해외 구매와 관련된 국방과학연구소의 절충교역 제안을 종합하게 되었다. 절충교역이란 판매자가 구매자에게 구매 금액의 통상 30%에 해당하는 가치의 기술 교육을 해주거나 구매자의 물품을 사주는 교역이다. 여러 부서로부터 기술 교육을 요구하는 절충교역 제안을 접수하고 어렵게 우선순위까지 결정하여 종합한 국방과학연구소의 최종안을 국방부로 제출했다.

결과적으로 국방과학연구소는 헛수고만 했다. 왜냐하면 기술 교육을 제공하기를 꺼리는 미국 측이 완강히 반대했기 때문이다. 선진국들은 현금 할인은 해줄지라도 기술을 더 중요시하여 보호하려 했던 것이다.

해외 도입 MLRS/ATACMS 체계의 기술자료 수집

한편, 이 무렵 육군에는 MLRS/ATACMS가 도입되고 사업관리를 담당할 사업단과 주무 과 조직이 편성되었다.

국방과학연구소가 개발하지 못하고, 어려운 국가 경제 상황에서 많은 비용을 지불하면서 해외 도입을 하게 되었지만, 그 체계를 잘 운용하고 타 무기 체계를 연구개발할 때 참조하기 위해 나는 육군과 협조하여 기술자료가 고루 한 세트씩 국방과학연구소로 배포되도록 했다. 육군 측에는 도입 무기 체계의 운용에 필요한 모든 기술자료가 빠짐없이 들어오도록 자발적으로 기술 자문을 해주었다.

나는 선진국 무기 체계의 방대한 기술자료 한 세트를 연구소 도서실에 이관해놓고 좋은 참고문헌으로 사용했다. 동시에 육군은 전문적이고 기술적인 내용에 대해 기술 자문을 받게 되어 상부상조한 셈이었다. 이때, 나는 일부 기술자료를 번역까지 해서 보고서로 만들어 육군 측에 제공하여 활용하기 쉽게 조치하는 한편, 선진국 유도무기 체계의 종합군수지원계획서ILSP: Integrated Logistics Support Plan를 국방과학연구소 연구원들이 참고할 수 있도록 했다.

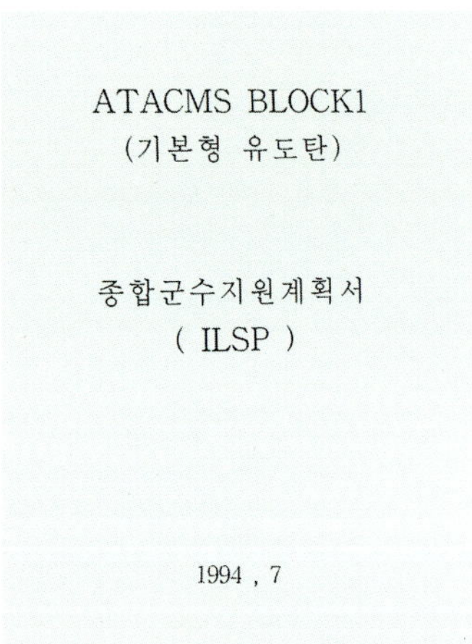
ATACMS BLOCK1
(기본형 유도탄)

종합군수지원계획서
(ILSP)

1994 , 7

ATACMS 미사일 종합군수지원계획서
한국군의 운용계획 수립과 연구개발에 많은 참고가 되었다.

나는 미국 측의 기술자료들을 검토하면서 많은 정보를 알아냈고, 그들이 밝히기 꺼리는 사실들의 배경도 파악할 수 있었다. 당시 미국은 여러 가지 사유와 별도의 장기계획에 따라 한국이 도입하는 사거리연장형 MLRSER-MLRS: Extended Range MLRS 로켓을 대량생산하지 않는다는 방침을 가지고 있었다.

연구소의 많은 사람들은 해외 도입을 추진하는 육군에게 기술지원을 해주는 것에 대해 반대하고 못마땅해했다. 주어진 어쩔 수 없는 환경에서 나는 국가적으로 최선의 효과를 달성하고자 했던 것이다.

기술협력생산의 필요성, 로켓이 늙어?

한편 나는 MLRS/ATACMS를 해외 도입하는 육군에게 가능하면 국내에서의 기술협력생산을 하는 방안을 검토해보라고 코치했다. 그 배경은, 큰돈을 들여 많은 양의 로켓과 유도탄을 도입할 때 약 20년이 지나면 신뢰도 저하로 사용할 수 없게 되어 모두 버려야 하기 때문이었다. 그리고 미국의 방산회사들은 전통과 속성상 20년 뒤까지 그 물건을 생산해주지는 않는다. 그 대신 값비싼 신형을 사라고 주문할 것이 뻔해 보였다.

일부 군인들은 6·25전쟁 때 쓰던 탄약을 40년 동안 쓰기도 한다면서, 그 비싼 MLRS/ATACMS탄을 약 20년 뒤에는 노화되어 버려야 된다는 것을 이해하지 못했다. 탄의 종류에 따라 수명에 차이가 있는데, 보통 성능을 우수하게 만들다 보면 수명이 짧아지는 단점이 있다. 20년이라는 세월은 길면서도 지내다 보면 잠깐이다.

해외 도입 시 기술협력생산을 하지 않으면 직구매를 해야 한다. 그러면 막대한 외화가 그대로 외국으로 빠져나가고 고용 효과도 전혀 없게 된다. 나의 주장은 설득력이 있었다.

한·미 간 미사일 줄다리기

1978년 9월 26일 백곰 미사일 발사 성공 이후부터 시작된 미사일 줄다리기,
아직도 진행 중이다.

MTCR의 창설과 미사일 확산 규제

미국의 레이건 대통령은 1987년 4월 MTCR(Missile Technology Control Regime)을 주도적으로 창설했다.

MTCR은 미사일기술통제체제라고도 하며, 대량 파괴 무기의 운반 수단인 미사일의 확산을 방지하기 위해 선진국을 중심으로 운영되고 있는 수출 규제 조치이다. MTCR은 원래 탄두 중량 500kg에 사거리 300km를 초과하는 핵무기의 운반 수단인 미사일의 확산을 방지하기 위해 설립되었다. 그 후 1992년 7월에는 핵무기뿐만 아니라 생물·화학 무기를 포함한 대량 파괴 무기를 운반할 수 있는 미사일 및 관련 부품, 기술도 규제 대상에 포함시켰다. MTCR에서 정한 규제 품목과 가이드라인에 따라 참가국은 국내 법령에 근거하여 자주적으로 수출을 규제, 관리한다.

설립 당시에는 선진 7개국(미, 영, 캐, 프, 독, 이, 일)이 참여했으며, 현재 가입국은 34개국이다. 한국도 2001년 MTCR에 가입했고, 2004년에는 서울에서 MTCR 총회를 개최하기도 했다.

현무 유도탄 생산과 핵심 기술 부품의 개발

1987년 당시 내 옆의 부서에서는 현무 유도탄을 생산하고 있었는데, 일부 핵심 부품과 원료는 미국 정부의 수출 승인을 받아 도입해야 했다.

그러나 미국은 이러한 MTCR을 적용하여 미사일 확산을 방지한다면서 한국의 현무 유도탄 생산에 필요한 부품 수출을 지연시키다가 결국은 1989년 말에 거부했다. 이로 인해 1990년 10월에 한국과 미국 간에 1979년에 이어 두 번째로 미사일 양해각서가 체결되었고, 한국은 미국 측이 요구한 현무 관련 사찰에 동의했다.

작전 중인 현무 유도탄

결국 이러한 외국의 간섭을 벗어나는 방법은 국내에서의 자체 개발밖에 없다. 그러자면 시간이 필요한데, 선진국이 노리는 것은 미사일 기술의 확산 자체를 방지하는 동시에, 후발국의 기술 획득을 시간적으로 지연시킴으로써 그들이 추월하지 못하도록 하는 것이었다.

우리 팀에서는 해외에서 획득하기 곤란한 핵심 기술과 부품들을 식별하여 시행착오를 거치며 개발해갔다. 그러나 세계화가 대세인 오늘날 모든 것을 국산화해야 한다고 주장하는 것은 비효율적이며, 자칫하면 자기도 모르는 사이에 우물 안 개구리가 될 수 있다.

후발국을 견제하는 선진국도 후발국의 실력이 일정 수준에 도달한 것을 알게 되면 상호 협력의 손을 내밀게 된다. 해외 거래에 있어서 불리한 계약을 피하기 위해서는 적어도 그런 수준까지는 핵심 기술과 부품에 대해 자체 개발을 해놓아야 한다.

한·미 미사일 양해각서의 개정

1997년의 외환 위기가 지난 뒤 2001년의 MLRS/ATACMS 2차 도입에서는 최대사거리가 300km인 ATACMS 개량형 유도탄을 들여오게 되어 있었다.

그런데 이 유도탄을 들여오기 위해서는 최대사거리를 180km로 제한해 온 기존의 한·미 미사일 양해각서를 수정해야만 모순이 없어질 수 있었다. 이러한 배경에서 기존의 한·미 미사일 양해각서를 폐기하고, 최대사거리 제한치를 MTCR 기준과 같은 300km로 수정한 한·미 미사일 신지침 규제가 2001년 1월부로 발효되었다. 이와 동시에 한국도 MTCR에 가입했다.

한편 국방부와 육군은 이때 한·미 간에 기술협력생산을 하기로 결정한 사거리연장형 MLRS[ER-MLRS] 로켓의 생산을 서로 맡겠다는 방산업체들을 평가, 선정하는 작업에 착수했다. 국방과학연구소에 대해서는 방산업체의 능력을 비교 평가하여 최적의 조직화를 하기 위한 기술평가 지원을 요구했다.

선진 관리기법을 배우다

모든 조직에는 체계적인 관리가 필수적이다.
1인 조직이든 100인 조직이든 선진 관리 기법이 경쟁력을 만들어준다.

미국 국방획득대학의 교과서를 번역하다

1996년 봄 어느 날 안흥 출장에서 돌아와보니 국방과학연구소의 부소장이 팀장을 맡은 사업관리 교재 개발 TFT의 편집위원에 내가 본부 대표로 선임되어 있었다. 이 부수적인 임무의 내용은 부소장이 미국 주재 연구개발 무관 근무를 마친 뒤 6개월 동안 미국의 국방획득대학DSMC: Defense Systems Management College(현재의 Defense Acquisition University)에서 사업관리 교육을 받고 가져온 교재를 소장의 특별 지시에 따라 한국화하는 것이었다. 부소장은 그 교재의 내용이 너무나 좋아 국방과학연구소에서 교육용으로만 사용하는 조건으로 특별히 미국 측으로부터 허락을 받아 왔다.

총 8과목의 교재인데 각 팀이 1책씩 맡았고, 나에게는 마지막 1책이 맡겨졌다. 그야말로 낯설고 어려운 책이 나를 기다리고 있었다. 그 두껍고

글씨가 빽빽한 책의 제목은 『Managerial Development』였다.

얼떨결에 다른 편집위원들에게서 버림받은 교재를 받아온 나는 촉박한 기간을 맞추려고 재빨리 책 전체를 훑어보았다. 역시 선진국의 교재답게 사업 관리자에게 꼭 필요한 내용들을 담고 있었다. 『관리자의 자질개발』이라는 제목으로 번역된 그 책의 내용은 공학이 아니고 인문 경영학 계통으로 리더십과 윤리 규범, 사업관리기법 등을 다루었으며, 사용한 영어 단어도 매우 어려웠다. 그러나 공학과 이학만 공부했던 나에게는 신선하게 다가왔다. 그동안 연구소 생활을 하면서 공감되는 내용이 너무 많아 오히려 이 책을 맡게 된 것이 다행으로 여겨졌다.

당시 한국의 연구소에서 관리자의 자질을 개발하기 위한 체계적인 교육은 없었다. 미국은 한국이 겪고 있는 이러한 문제들을 벌써 경험하고, 이를 해결하기 위해 전문가를 동원하여 『Managerial Development』라는 교재를 개발하여 연구 관리자들을 교육해왔다. 나는 미국의 선진국으로서의 자격과 훌륭한 사고방식을 인정하지 않을 수 없었다.

한 가지 놀란 것은 '상대방과의 협상기법interpersonal negotiations'도 교육한다는 점이었다. 그들이 공개적으로 가르치는 협상기법의 지침 중에는, "자신에게 협상하기 위한 여지를 남겨두어라. 만일 당신이 팔려고 한다면 비싸게 시작하고, 사려고 한다면 싸게 시작하라"는 대목이 있다. 그들은 눈 하나 깜짝 안 하고 이러한 지침을 실천한다. 미국인들, 특히 여자 대표와 협상을 해보면 여간 뻣뻣하고 만만하지 않은데, 그것은 강대국의 대표이기도 하지만 협상기법 교육을 받아서도 그랬구나 하는 생각이 들었다.

나는 정성을 다해 책을 번역할 결심을 했다. 우선 두꺼운 원서를 10개로 쪼개어 나의 팀원들에게 1차 번역을 맡겼다. 그 당시는 영어-한글 번역 소프트웨어가 나온 초창기였는데, 자동화 프로그램의 효과는 사실상 전혀 없었다. 약 한 달 뒤 팀원들의 1차 번역본을 받아 검토한 결과, 내가 대부분 다시 손을 보아야만 했다. 처음 보는 사람들에게는 내용도, 기술된 영어도 너무 어려웠던 것이다. 나도 정확한 번역을 하기 위해 미국인들과 회의하는 기회를 활용하여 어려운 내용이나 영어의 의미를 캐물어 책에 반영하기도 했다. 번역도 일종의 창작이었다. 나는 교재 개발 기간을 맞추기 위해서, 그리고 내용이 재미있어서 매일 연구실에서 날이 훤히 밝아올 때까지 번역 작업을 하곤 했다.

이렇게 심혈을 기울여 번역한 『관리자의 자질개발Managerial Development』을 구성하는 16개 장의 목차는 다음과 같다.

목 차

『관리자의 자질개발』 목차

나와 너, 개인차를 인정하자

내가 심혈을 기울여 번역한 『관리자의 자질개발』의 내용을 간략히 소개한다. 제1장에서는 관리자가 하급에서 중간, 고위 관리자로 올라가면서 중점적으로 갖추어야 할 관리 기술이 변화되어야 함을 보여준다. 많은 경우 관리자들이 이러한 것을 인식하지 못하고, 인식하더라도 변신에 실패하는 것이 보통이다.

아래 그림의 조직 내 단계별 필요 관리기법에서 보는 바와 같이 실무 감독자 시절에는 기술적 지식과 인화 단결 관리만 하면 되지만, 중간 관리자부터는 비전과 기획과 같은 개념적인 관리가 점점 더 중요해진다는 것이다. 사람은 본디 성격을 바꾸기 어렵고, 그때까지 해오던 습관과 관성 때문에 그 직위에 걸맞은 관리자가 된다는 것이 매우 어렵다.

한편 선진국으로 가기 위해서는 어느 조직에서나 청렴도가 중요하다. 제2장에서는 이런 윤리규범을 사례와 함께 상세히 기술하고 있었다.

좀 더 상세하게 소개하고자 하는 제3장과 제11장에서는 성격의 특징을 분석하고 각 성격의 장단점을 제시하면서 인재를 어떻게 적재적소에 배치하는 것이 효율이 높은가에 대해 기술하고 있다. 여기서 주장하는 요점은 사람의 성격이 바뀌지 않는다는 점과 쓸모없는 사람은 없다는 것이다.

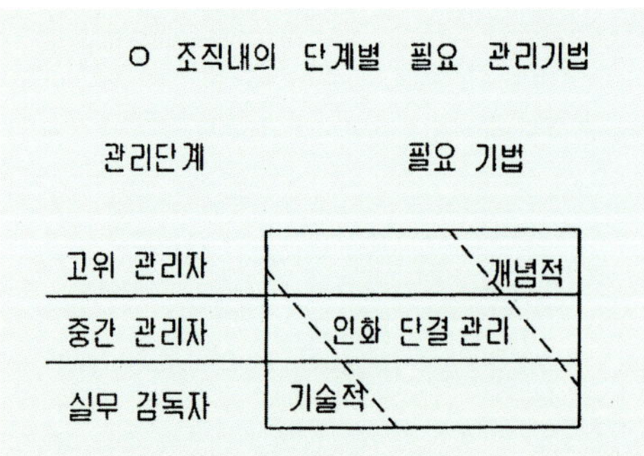

조직 내의 단계별 필요 관리기법

그런데 진짜 문제는 서로 비난하면서 저 사람은 틀렸다고 하거나 쓸모없다고 하면서 싸우는 일이다.

이러한 '진짜 문제점'을 알리기 위해서 나는 연구소 소식지 『무내미』에 '나와 너'라는 제목으로 다음과 같은 글을 남겼다.

"이승이나 저승에 오로지 나 혼자만 존재한다면, 그 세상은 천국이나 지옥으로 구분할 수 없겠다" 하는 생각이 든다. 달리 말하면, "여러 사람이 있어서 서로 돕고 사는가, 아니면 싸우며 살아가는가?" 하는 기준에 따라서도 천국과 지옥을 구분할 수 있지 않을까? 세상은 매우 신비하게도, 겉으로는 똑같아 보이는 것들도 무한한 다양성을 내포하고 있다. 바로 이 다양성이 세상을 아름답고 재미있게 하는 동시에 증오, 전쟁과 죄를 만들어내기도 한다. 때로는 모든 것을 파괴하고 태워 삼켜버리기도 하지만 더없이 아름다운 불꽃과 같은, 이 다양성을 이해하는 것은 직장 구성원 간이나 가족 간에서도 매우 중요하다.

나는 오랫동안 내 아들의 성격과 행동을 이해하지 못하는 경우가 많았다. 또 내 주변의 많은 사람들의 행동을 이상한 눈으로 바라보고 비웃기도 했다. 부자간에 왜 이렇게 다를까 생각되어 아들과 혈액형이 같다는 것도 확인해보았고, 재확인을 위해 성격유형 검사를 함께 받아보았다. 검사 결과는 과연 아들과 나의 성격은 너무나 달랐다. 부전자전이라고 하는데, 분명히 내 아들인데, 이럴 수도 있구나 하고 마음속 깊이 새겨둔 적이 있었다.

아들의 성격은 분명히 내가 결핍을 느끼는 면을 갖고 있으며, 내가 잘하지 못하는 것을 그가 잘할 때 나는 아들이 정말 자랑스럽다. 그 검사를 받은 뒤로 나의 아들을 좀 더 이해할 수 있었다는 것은 말할 필요도 없다. 그리고 직장 동료들을 좀 더 이해할 수 있었다.

다양성이란 어느 것이 다른 것보다 더 좋다거나 나쁘다고 평가하지 않는 것을 의미한다. 다양성을 긍정적으로 보면 모두 다 필요할 때가 있고 서로가 서로를 보완해주는 관계라고 할 수 있다. 이와 달리 다양성을 부정적으로 보면 매일매일 서로 욕하고 충돌하며, 상대방을 도태시키거나 구조 조정할 대상으로만 보는 것이다. 그런데 사람들은 흔히 자기 것을 기준으로 하여 다른 것을 틀리거나 나쁘다고 규정짓는 오류를 범한다. 이 다양성 때문에 갈등을 겪는 한 가족의 예를 들어보자.

엄마는 사람들의 감정을 읽는 데 빨라 논쟁을 피하고자 한다. 아들은 논쟁을 좋아하고 설명하기를 좋아하나, 사람들의 감정을 알아차리지 못한다. 아빠는 딸이 어떻게 주중의 여가를 보냈는지에 대해 자세한 기록을 남기기를 원한다. 딸은 자신에게 기록은 중요치 않다고 말한다. 딸은 엄마가 시계를 자주 보고 시간을 잘 지키기를 바란다. 엄마는 딸이 좀 더 느긋해져서 5분쯤 늦었다고 짜증 내지 않기를 바란다.

사소한 일이지만 한 지붕 한 가족 간에도 이렇게 갈등을 겪는다. 하물며 남남끼리 만났고 서로 이해관계가 얽혀 있는 직장에서의 갈등은 당연하다고 보아야 한다.

…… (하략)

선진국 미국이 프로젝트 과제 책임자들에게 가르치는 여러 과목 중에서 관리자의 자질개발은 나에게 신선한 충격이었다. 어떤 학문을 공부하든 수학이 필수과목인 것처럼, 위와 같은 내용의 교육도 모든 조직원들에게 또 하나의 필수과목이라고 생각되었다.

우리보다 앞선 선진 사회를 느끼다

내가 끔찍이 좋아하던 진돗개를 바치며 배운 선진 사회 미국,
한국인의 국민성을 살리면서 선진국으로 가는 길을 알려주겠지.

진돗개는 한 주인만 섬긴다

국내 연구개발을 중단한다는 것으로 결정된 전술 지대지 유도무기 개발 과제를 마무리하고, 1992년 10월 말에 나는 가족과 함께 미국 피카티니 조병창Picatinny Arsenal으로 교환 근무를 떠나면서 키우던 진돗개를 돌보아줄 것을 세입자에게 당부했다.

나의 진돗개, 진돌이와는 잊을 수 없는 3년 동안의 동고동락의 생활이 있었다. 진돌이는 그야말로 양반 개라서, 밥을 주면 많이도 안 먹지만 먹고 나면 그릇을 씻을 필요도 없을 정도로 깔끔했다. 용감하기는 일등이어서 동네 대장이었다. 동료 직원이 새끼를 받기 원하여 신방을 차려 주어도 인기척이 있으면 신방에 들어가지 않아 애를 태우기도 했다. 내가 출퇴근 전후에 야외로 데리고 나가야만 용변을 보고 하루 종일 참는 이상한

습관을 가진 개였다. 아마도 진돌이는 자기 집 주변을 깨끗하게 유지하고자 했던 것 같다. 내가 출장 갈 때에는 할 수 없이 아내가 힘센 진돌이에 이끌려 야외에 데리고 나가곤 했다. 주변에서도 부러움을 받은 믿음직스러운 가족 구성원이었다.

그런데 특별 부탁을 받은 세입자가 온갖 정성을 들였지만, 말짱 헛일이었다. 진돌이는 성의를 다하는 세입자에게는 마음을 주지 않고 결국은 미국으로 간 주인을 찾아 정처 없이 집을 떠나고 말았던 것이다.

잠시 주인이 바뀐 환경에 적응하지 못한 진돌이가 너무나 안타까웠다. 토종개라서 한국인의 배타적인 속성을 닮은 것 같아 또한 실망했다.

연구는 행복한 스트레스

1993년 초 어느 날, 내가 사는 미국 뉴저지에 폭설이 내려 출근을 할 수 없었다. 아파트 주차장에 세워둔 차는 완전히 눈에 파묻혀버렸다. 온 가족이 하루 종일 현관에서부터 주차장까지 눈을 치우고 통로를 개척하며 이틀을 갇혀 지냈다. 다행히 먹을 것은 준비가 되어 있어 견딜 수 있었다.

교환 근무처는 미국 뉴저지 주 서쪽의 피카티니 조병창에 있는 아덱 ARDEC: Armament Research Development and Engineering Center의 공력 구조 연구Aero & Structure 부서였다. 나의 연구 주제는 비행시험 궤적 데이터로부터 시험 비행체의 공력계수를 추출하는 방법을 연구하는 것이었다. 보통은 이론적인 계산으로 공력계수를 산출하고 풍동 실험으로 확인하여 비행 특성을 산출하는 모델링 및 시뮬레이션에 공력계수를 공급해준다. 그러나 산출되는 공력계수에 여전히 오차가 있어서, 이 오차를 줄이는 방안 중 하나로 실제 비행시험 데이터로부터 공력계수를 추출하는 방법을 연구하는 것이었다.

나의 슈퍼바이저는 이 연구에 착수해 있었다. 가속도계의 데이터만 있으면 기본 공력계수의 추출이 가능할 것 같다는 아이디어를 내고 있었지만 그때까지 입증하지는 못하고 있었다. 당시는 비행체에 가속도계를 장착하여 정확한 가속도 데이터를 얻을 수 있게 된 시점이었다. 즉, 기술의 발전으로 정밀 가속도계가 저렴해지고 작아지면서 작은 비행체에도 가속도계를 장착하여 시험할 수 있는 가능성이 보인 것이다. 나도 그의 아이디어에 동의하면서 가속도 데이터로부터 비행체의 기본 공력계수를 추출해내는 모델 연구에 매달렸다.

그러나 연구 주제가 쉬운 것이 아니어서 나는 연구실이건 집이건 틈만 나면 책과 컴퓨터 프로그램을 들여다보며 시간을 보냈다. 나는 한국으로 돌아가기 전에 목표로 하는 수학적 모델을 만들어 입증하고 싶었고, 결국 해냈다.

한국에 있을 때 기술적인 것이 아니고 사업적이거나 인간적인 문제로 고통을 받았었는데, 오로지 하나의 연구 주제만 고민하면 된다는 것이 너무나 행복했다.

삭막하지만 휴가도 빌려주는 따뜻한 사회

미국의 연구소에서 내가 부러움을 느낀 점 중 하나는 직원들의 복지를 위한 투자와 배려였다. 그들은 직원들이 무엇을 원하는지, 무엇이 필요한지를 연구하는 것 같았다. 가정에서 자녀들이 즐겁게 기꺼이 공부할 수 있는 환경을 만들어주듯이, 연구소는 연구원들이 즐겁게 연구할 수 있는 환경을 만들어주는 것이 눈에 보였으며 매우 부러웠다.

야근도 집에 가서 하는 것은 상관없지만 사무실에서 하려면 수당을 주어야 하기 때문에 특별 승인을 받아야만 할 수 있었다. 실제로는 거의 승인을 하지 않기 때문에 특별한 경우를 제외하고는 아예 야근할 생각을 하지도 않았다. 교환 근무를 하던 나도 사무실에서 야근하겠다고 하다가 안 된다고 하여, 집에서 야근을 많이 했다.

삭막하다고 하는 미국 사회에서 인간적인 제도를 보고 놀라기도 했다. 그들은 남은 휴가를 다른 사람에게 줄 수 있었다. 병원에 입원하여 자기 휴가를 다 쓰고 애를 태우는 직원에게 여러 직원들이 자기들의 남은 휴가를 모아서 그에게 주고 있었던 것이다. 삭막한 사회지만 역시 사람이 사는 사회이고, 합리적이라고 하면 그들은 무엇이라도 할 것 같았다.

하루는 미국 직원에게 문상을 갔는데, 그들의 관습은 한국과 많이 달랐다. 먼저 장례식장에서 고인을 볼 수 있는 시간이 짧게 정해져 있고, 그 외의 시간은 닫혀져 있었다. 물론 음식을 나누는 일도 없다. 문상이 너무 짧고 간단하다 싶었다. 미국인들이 한국의 상가에 와본다면 역시 매우 큰 문화 충격을 받을 것이다. 그중 하나는 부의금이다. 미국인들은 보통 3~5 달러의 소액 부의금을 주고받았다. 그것도 직접 받기보다는 고인의 생전 지향에 따라 사회 복지 시설 등의 계좌로 기부하는 형태였다.

사회 관습을 바꾸는 것은 매우 어렵지만 공감대를 형성하여 의식 간소화를 확산해야 한다. 우리도 결혼식과 장례식의 비용, 그리고 축의금과 부의금의 규모를 줄여 잘 사용하는 것이 사회적으로 또 개인적으로 부작용을 없애는 방안일 것이다.

한국은 언제쯤 빌 게이츠와 스티브 잡스를 배출할까?

일 년 동안 미국에 체류하면서 얻은 것 중 하나는 컴퓨터였다. 개인용 컴퓨터를 사고 싶었는데, 큰맘 먹고 장만했다. 멀지 않은 곳에서 열린 컴퓨터 관련 전시 행사장에 갔는데, 왜 그렇게 사고 싶은 것이 많은지 그 전시

행사장에서 여객기 조종사가 세계 각국의 비행장에 이착륙하는 것을 시뮬레이션으로 훈련할 수 있는 프로그램도 사고, 이것저것 사다 보니 말 그대로 컴퓨터 하드웨어보다 소프트웨어 구매 비용이 더 많아졌다. 배보다 배꼽이 커진 것이다.

그러면서 한국에서도 소프트웨어 산업을 육성 보호해주어야 한다는 점을 깨달았다. 그러기 위해서는 무엇보다 국민들의 인식이 바뀌어야 할 것이다. 컴퓨터 프로그램뿐만 아니라 모든 창작과 저작 활동, 정보 수집 활동 등의 결과물은 그 저작자의 재산임을 인정하고, 그것을 이용할 때는 비용을 지불한다는 인식의 공감대가 있어야만 그 분야가 발전할 수 있다. 남의 논문을 표절하는 것이 범죄인 것처럼, 비용을 지불하지 않고 남의 재산을 슬쩍 이용하는 것은 절도죄에 해당한다. 이런 환경에서는 창의적인 활동을 할 의욕이 생기지 않을 것이다.

미국에서는 1993년 그 당시에 이미 소프트웨어 개발회사 직원이 정부기관 연구소 PC에 자기네 제품의 복제품을 사용하는지 감사를 하러 들어오고 있었다.

미국의 빌 게이츠와 스티브 잡스 같은 인물을 배출하기 위해서는 우리도 지적 재산권을 적극 보호하여 창의적인 활동을 진작시켜야 한다.

선진 사회의 안목

내가 살던 뉴저지 주 로커웨이 마을Rockaway Township은 뉴욕 맨해튼에서 약 1시간 정도 떨어진 거리에 있다. 주말이면 종종 뉴욕 맨해튼에 다녀오곤 했다.

브루클린과 맨해튼을 잇는 브루클린교는 인천대교와 같이 쇠줄에 도리를 매단 사장교이다. 내가 놀란 것은 이러한 다리를 조선 시대에 해당하는 1869년에 건설했다는 점이었다. 조선은 '은둔의 나라' 였다고 인정할 수밖에 없었다. 맨해튼과 뉴저지를 연결하는 또 다른 사장교 조지워싱턴교는 그 장대함이 약 90년 전인 1925년에 건설된 것이라고 믿기지 않을 정도였다. 건설 당시 교통량이 적었을 텐데 21세기에도 불편 없이 쓸 수 있도록 만든 미국인의 장기적 안목이 경탄스러웠다.

약 100년 전 뉴욕 맨해튼을 방문했을 조선의 우리 조상은 무슨 생각을 했을까? 확실히 미국은 신대륙이었고 구대륙인 유럽의 것을 개량하고자 했을 것이다.

교류와 교환의 효과

1993년 가을, 나는 그동안 고민해오던 연구 주제에서 큰 성과를 달성했다. 가능성 수준으로만 제기되어 있던 비행시험에서 측정되는 3축의 가속도 데이터만으로도 비행체의 기본 공력계수를 추출할 수 있다는 것을 이론적으로 증명한 것이다. 이를 가능케 하려면 물론 가속도계를 비행체의 특정 위치에 장착해야 하는데, 나는 그 구체적인 방법을 제시하고 컴퓨터 프로그램으로 시뮬레이션을 하여 입증했다. 나는 슈퍼바이저와 함께 이 연구 결과를 보고서로 작성하여 ARDEC에 제출했다.

또한 나는 ARDEC에서 수십 년 동안 사용해오고 있는 컴퓨터 시뮬레이션 프로그램의 한 수식에서 한 항목이 누락되어 있는 것을 발견하여 보완시켜주기도 했다. 이러한 기대 이상의 성과에 대해 그들은 교환 근무 기간을 연장하자고 제안했고, 나의 슈퍼바이저는 AIAA학회에 함께 발표하러 가자는 제의도 했다.

미국 측은 교환 근무 연구원인 나의 체재비를 대는 것도 아니어서 그들로서는 아무런 부담도 없는 제안이었다. 한국의 연구소에 연락하여 교환

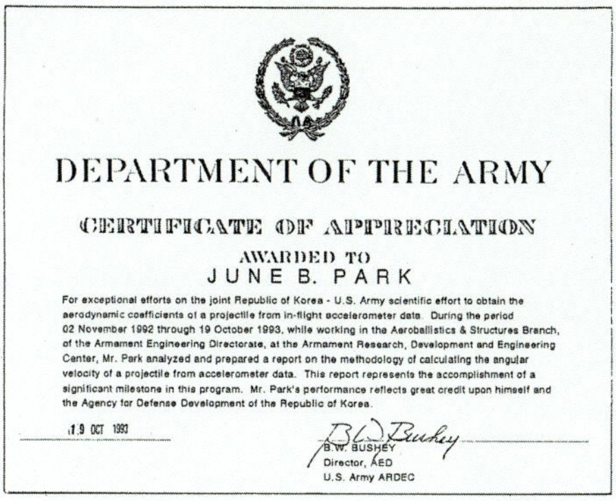

DEPARTMENT OF THE ARMY

CERTIFICATE OF APPRECIATION

AWARDED TO

JUNE B. PARK

For exceptional efforts on the joint Republic of Korea - U.S. Army scientific effort to obtain the aerodynamic coefficients of a projectile from in-flight accelerometer data. During the period 02 November 1992 through 19 October 1993, while working in the Aeroballistics & Structures Branch, of the Armament Engineering Directorate, at the Armament Research, Development and Engineering Center, Mr. Park analyzed and prepared a report on the methodology of calculating the angular velocity of a projectile from accelerometer data. This report represents the accomplishment of a significant milestone in this program. Mr. Park's performance reflects great credit upon himself and the Agency for Defense Development of the Republic of Korea.

19 OCT 1993

B.W. BUSHEY
Director, AED
U.S. Army ARDEC

교환 근무 성과에 대한 미국 측의 감사장

근무 기간 연장 신청을 해볼까 하는 유혹을 느꼈지만 나는 뿌리치고 1년 만에 한국의 연구소로 돌아가기로 했다. 미국 측은 매우 아쉬워했다. 나의 성과에 감사하며 환송 파티를 열어 주고 감사장을 수여했다.

나도 배운 것과 얻은 것이 많아 유감이 별로 없었다. 미국과 한국에 모두 이익이 된 교류와 교환이었다.

나는 귀국하여 미국 체류 기간 중의 연구 성과를 발표하면서, 미국인들이 유도형 MLRS 개념을 연구하는 것을 참조하여 한국도 정확도를 대폭 향상시킨 유도형 다연장로켓을 연구할 것을 건의했으나 당시 국방과학연구소에서는 전혀 주목받지 못했다. 모든 것에는 때가 있는 법이었다.

한국은 교환연구원을 받아줄 환경이 되어 있나?

강대국은 대부분 다양한 민족으로 구성되어 있다. 그래서 주변에 외국인이 있는 것이 자연스럽고, 그들이 살아갈 수 있는 환경을 조성해놓는다.

내가 교환연구원으로 미국에 있을 때, 나는 그곳 연구원들과 같은 사무실에서 근무했고, 연구소 네트워크와 차단된 컴퓨터를 받았지만 네트워크의 게시판은 모두 볼 수 있었다. 그곳의 도서실도 비교적 자유스럽게 출입하며 책을 빌려 볼 수 있었다. 그들의 어떤 내부 세미나에는 참석할 수 있었으며 일과 후 특별활동도 신청할 수 있었다. 물론 보안상 의심을 받지 않도록 모든 것을 슈퍼바이저에게 투명하게 보고하며 활동했다. 그들은 필요할 때 외부 기관이나 업체에 전용 사무실도 제공했다.

이와 같이 외국인 또는 외부 기관과 같이 일을 하려면 특히 보안 관점에서 철저한 준비를 하며 열린 환경을 만들어야 할 것이다. 나는 감시받는다는 것을 알면서도 거의 불편 없이 근무하고 생활할 수 있었다.

대덕연구단지에는 오래전부터 인도, 러시아 등의 외국인 연구원 또는 학생들이 살고 있다. 또 자운대의 육해공군 대학에도 교환 군인 학생과 그 가족들이 살고 있다. 경기도 안산에 가면 외국에 온 것 같은 느낌이 드는 구역이 있다. 국방과학연구소도 외국인 또는 내국인 교환연구원이 편하게 거주하고 근무할 수 있는 환경을 제공할 수 있을까?

도전적인 미국 젊은이

1977년 어느 주말, 20대 나이의 나는 자전거를 타고 기숙사를 나섰다. 조금은 위험하지만 국도를 따라 수십 킬로미터 떨어진 고향 집에 자전거로 다녀올 참이었다. 1~2시간 달리고 나서 공주 근처의 시골 상점에서 휴식을 취하는 중 자전거로 세계 일주를 하고 있는 여행자를 만났다.

그 도전적인 젊은이는 미국에서 유럽을 거쳐 아시아로 왔다. 한국과 일본을 거쳐 알래스카로 갔다가 미국의 고향까지 가는 길이었다. 자전거 앞뒤 좌우로 네 개의 짐을 주렁주렁 매달고 있었다. 그는 서울에서 경주를 경유하여 부산으로 가서 일본행 페리를 탈 예정이라고 했다. 영어 신문을 살 만한 곳을 묻기에 유성의 호텔에 가보라고 했다. 우연히 세계적인 자전거 여행자를 만나 동료 의식을 느끼며 잠깐 함께 휴식을 취한 후, 그는 남쪽으로, 나는 북쪽으로 향해 출발하며 서로 행운을 빌어 주었다.

나는 대학생 시절에 경기도 양평 용문산에서 강원도 원주 치악산까지 걸어서 노숙하며 며칠간 여행한 적이 있었다. 조붓한 산길과 들길을 여러 날 걸으면서 한국 산천의 아름다움에 새삼 놀랐었다. 그때를 생각하며 나로서는 쉽지 않은 자전거 여행을 시도한 것이었지만, 그 미국 젊은이의 도전에 대해서는 내심 스케일의 차이를 인정해야만 했다.

그 미국 젊은이는 지구를 여행지로 택한 것이었다. 그는 분명코 지구를 속속들이 느꼈으리라. 땅덩어리와 비례하여 큰 인물이 난다는 말이 있다. 요즈음에는 대한민국의 젊은이들도 세계를 무대로 하여 도전하고 있는데, 더욱 모험적이고 시야를 넓힐 수 있는 도전 활동을 권한다.

독일, 일본, 영국과 미국, 그리고 한국인

1994년 이후 핵심 기술 연구 프로젝트에서 비행체의 관성량moment of inertia을 정밀 측정하고 롤 대칭성을 확보하기 위한 밸런싱 계측장비가 필요했다. 이러한 계측장비는 사람에게 있어서 체중계와 같이 비행체에 아주 필수적인 연구장비이다. 이러한 기초 필수장비 중에는 수출 제한 품목으로 지정되어 있어서 도입하지 못하고, 어쩔 수 없이 자체적으로 만들어 쓰는 경우도 있다.

이런 계측장비를 연구개발하는 것도 매우 흥미 있는 일이지만, 목수가 목공 일은 제쳐두고 대패를 만드는 것과 비슷하다. 대개의 경우 계측장비를 자체적으로 연구개발하는 것은 효율이 떨어진다. 목수는 목공이 전문이고, 대패는 그것의 제작을 전문으로 하는 장인이 더 잘 만드는 법이다. 이런 관점에서 전문가가 잘 만드는 계측장비나 부품 등은 최대한 도입하여 이용하고, 정말 중요하고 필요한 곳에 연구개발 역량을 집중하는 것이 바람직하다.

시장조사 결과, 우리는 관성량 계측장비를 독일에서 도입하기로 결정했다. 나는 독일인 기술자를 도와 장비를 설치하고 시운전하게 되었다. 독일인의 속성을 알고는 있었지만, 여러 날 같이 작업을 해본 나는 독일인의 철두철미한 근성에 감탄했다. 남에게 물건을 팔 때, 다른 사람에게 책임을 질 때, 또는 남을 가르칠 때, 기본적으로는 자기 임무를 수행할 때, 저렇게 완벽하고 깔끔하게 하는 것이 프로구나 하는 것을 실감한 것이다. 그때에 좋은 연구개발장비를 획득하여 많은 연구원들이 지금껏 잘 사용하고 있다. 부수적으로 선진국의 일솜씨를 경험한 것도 큰 수확이었다.

그런데 한편으로 의문이 떠올랐다. "저렇게 완벽하고 철두철미하며 우수하다고 하는 독일인들이 왜 첨단 기술에서 미국한테 밀렸을까? 도대체 미국 사람들이 독일인보다 우수한 점은 무엇일까?" 하는 생각이 들었다. 내가 겪어본바, 한 건 한 건 일을 해나가는 것은 독일인이 미국인보다 완벽한 것 같았다. 또 다른 선진국인 일본인도 독일인 못지않게 완벽하게 일을 한다.

이렇게 완벽한 선진국 사람들이, 어찌 보면 좀 헐렁해 보이는 미국인들한테 초강대국 자리를 내준 것에는 분명 확실한 원인이 있을 것이다.

내가 본 미국인이 가진 특징 중 자유분방함은 독일인이나 일본인에게는 적은데, 그것이 원인이 아닐까? 독일과 일본에 없는 멜팅팟melting pot이라고 하는 미국의 다민족 문화가 시너지를 내는 것이 아닐까? 그런 생각을 하며, 한국인의 국민성을 살리면서 선진국으로 가는 길은 무엇일까 생각했다.

4부

한국 유도무기, 선진국이 보인다

선진 기술 도입과 도전적인 한국의 ADD 연구원들, 첨단 유도무기 핵심 기술 개발에 매진하고 있다. 이제 선진국의 고지가 저만치 보인다.

선진국 미국에서의 기술 도입

과거 무기를 도입할 경우 통째로 사다가 다 쓰고 나면 그만이었다.
그래서 기술 도입 생산을 제안하면, 한국은 기술적으로 불가능하다고 거절했었다.
그러나 2000년대에는 미국이 한국의 기술력을 인정하기 시작했다.

사거리연장형 MLRS의 기술협력생산 결정

2000년 나는 국방과학연구소에서 해군용 유도무기 체계의 개발 책임자 자리를 제안받았으나 사절했다. 육군용 유도무기 체계를 개발하는 부문에서도 해야 할 일이 산적해 있기 때문이었다.

1997년 외환 위기가 발생한 이후 한국 국민들은 많은 고통을 감내하며, 위기를 극복하기 위해 노력했다. 국가 경제가 어느 정도 회복되자 국방부와 육군은 유보했던 MLRS/ATACMS의 2차 도입을 추진했다. 이 2차 도입과 병행하여 두 가지 큰일이 진행되었다. 그중 하나는 사거리연장형 MLRS(ER-MLRS)의 기술협력생산계획과 관련된 것이고, 다른 하나는 앞에서 기술한 한 · 미 미사일 양해각서 관련 사항이었다.

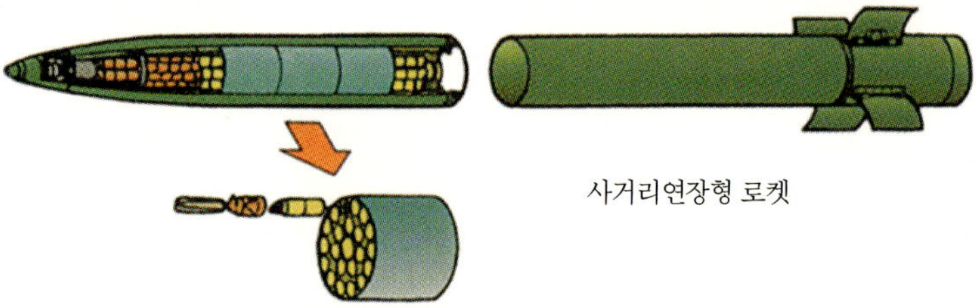

사거리연장형 로켓

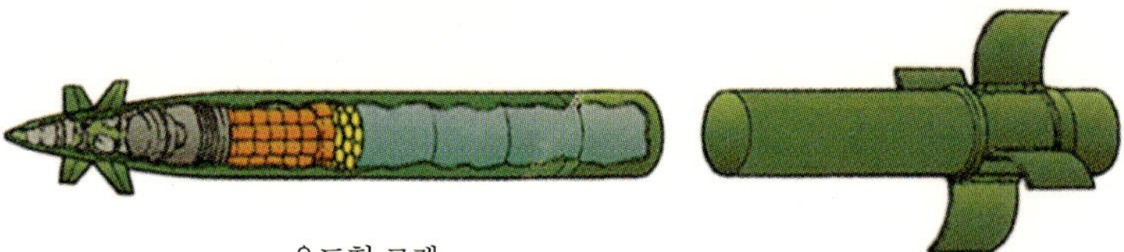

유도형 로켓

로켓 포드

MLRS 로켓 계열 사거리연장형 로켓(중상)은 기술협력생산을 하며, 유도형 로켓(중하)은 한국이 독자 개발 중이다.

1997년 MLRS/ATACMS를 1차 도입할 때에도 국방과학연구소가 건의했었지만, 국방부와 육군은 2차분 도입과 함께 사거리연장형 MLRS의 기술협력생산을 검토하기로 했다. 이에 대해 미국 측은 처음에는 한국의 기술 수준이 부족해서 곤란할 것이라고 주장했다. 하지만 한국의 방산업체들을 실사한 뒤에 최종적으로 동의하게 되었고, 이후 가격 등의 계약 조건을 협상하는 데 많은 시간을 끌었다. 가격 협상에서도 시간을 끌었지만, 기술협력생산사업을 승인하는 과정에서 국방부의 결심도 쉽지 않았다. 기술협력사업은 예산 규모가 매우 큰 생산계획과 직결되어 있기 때문이다.

적정한 기술 도입료를 책정하는 데 고민하던 국방부에서 어느 날 나에게 호출 지시를 보냈다. 나는 국내 개발 시 소요되는 비용 등을 추정하여 비교하면서 적정한 기술 도입료에 대해 어렵지만 기술 자문을 했고, 그다음 날 국방부의 최종 사업 승인이 발표되었다.

MLRS 수락시험평가체계의 개발 필요

한편 MLRS 로켓의 기술협력생산사업에서는 또 다른 문제를 해결해야 했다. 국내에서 생산하는 MLRS 로켓에 대한 로트별 최종수락비행시험평가 acceptance test 문제였다. 예를 들어 로켓 1개 로트, 500발을 생산하면 그중에서 임의로 6발을 그 로트의 시료로 추출하여 비행시험평가를 하고 그 생산 로트의 품질에 대해 최종적으로 합격 또는 불합격을 판정한다. 합격 시에는 그 로트의 나머지, 즉 494발을 군에 납품하고, 불합격 시에는 큰 손실이지만 폐기하게 된다. 최종수락비행시험평가는 기술협력 생산품과 국내 개발 생산품에 똑같이 적용된다.

생산품 수락비행시험평가를 하려면 많은 장비와 시설, 그리고 평가를 하기 위한 기준과 절차서, 비행시험 결과를 분석할 수 있는 기술 및 소프트웨어 등이 필요하다. 이런 일은 통상 개발자만이 할 수 있는 쉽지 않은 작업이었다. 수락비행시험평가를 할 능력이 있다는 것은 사실상 그 로켓의 개발 능력을 보유하고 있다는 것을 의미한다.

기술 도입을 입안하는 정책 분야 담당자들도 이런 수락비행시험평가에 수반된 개발 업무의 필요성을 파악하지 못하고 있었다. 설령 그 필요성을 파악하여 미국의 수락시험평가체계까지 도입하는 계획을 세웠을지라도, 미국의 육상시험장에서 적용하는 시험평가체계를 한국의 안흥 해상시험장에 그대로 적용할 수는 없는 상황이었다.

정부에서 주도하는 형태개발의 경우 업무 체계는 다음과 같다. 먼저 국방과학연구소가 로켓의 개발을 완료하면 업체가 로켓을 생산하며, 그 생산 공정 간에 국방품질관리소(현재의 국방기술품질원)가 품질관리를 한다. 그 다음 국방품질관리소는 최종 조립품 중 시료를 추출하여 국방과학연구소에 수락비행시험평가를 의뢰하고, 국방과학연구소는 이를 수행하여 시험 결과를 회신한다. 시험 결과를 통보받은 국방품질관리소는 최종적으로 합격 여부를 판정하여 납품 승인을 해준다.

여하튼 국방과학연구소는 국내에서 생산되는 MLRS 로켓에 대해 수락비행시험평가를 해주어야 했다.

고민 끝의 MLRS 수락시험평가체계 개발 결정

한편 MLRS 로켓의 로트별 최종수락비행시험평가는 매년 6회 정도가 필요한데, 미국 본토에 가서 시험할 경우 시험 비용이 매회 150만 달러 정도가 소요될 전망이었다. 나는 많은 고민 끝에 이 문제를 해결하려면 기술 지원을 하는 것이 옳다고 생각했다.

왜냐하면, 국방과학연구소가 기술지원을 하지 않을 경우 국내에서 수락비행시험평가를 하지 못하고, 미국 측의 주장대로 화이트샌즈 시험장에서 하게 되어 국방부가 추진하는 기술협력생산사업 자체가 성립할 수 없거나, 미국 측에 매년 90억 원가량의 시험평가 비용을 지불하면서도 전력화 일정을 맞추기 어려웠기 때문이다. 이렇게 되면 큰 예산을 들여 도입한 MLRS/ATACMS가 무용지물처럼 될 터였다. 그리고 국내에서 생산한 폭발물을 미국으로 수송한다는 일부터가 쉽지 않았다. 미국 본토에서 매번 수락비행시험평가를 해야 한다면, 무기 체계의 해외 도입과 로켓의 기술 도입을 모두 취소하고, 1990년에 국방과학연구소가 시도했던 것처럼 차라리 MLRS/ATACMS에 준하는 무기 체계를 국내에서 연구개발을 하는 쪽이 유리했다.

그러나 이미 10년이 넘게 지나 이제는 돌이킬 수 없는 일이었다. 내가 이 기술지원을 망설였던 이유는 크게 두 가지였다. 첫째는 국방과학연구소가 반대했고, 두 번째는 생산품의 품질관리를 맡은 국방품질관리소와의 업무 협조가 원만하지 못할까 우려했기 때문이었다.

국방과학연구소 측의 반대는 당연했다. 국방과학연구소는 핵심 기술과 핵심 체계에만 집중하라는 외부의 압력과 요구를 받고 있는 상황에서, 육군이 관리하지만 업체가 주도하는 기술협력생산을 기술지원하는 사업에 그렇지 않아도 부족한 연구소 인력을 투입할 수 없다는 입장이었다. 한편, 국방품질관리소는 130mm 다연장로켓 낙탄 사고와 관련된 몇 년 전의 감사 결과로 인해 나와 손발을 맞추기 어려운 관계였다.

나는 고민 끝에 'MLRS 로켓 수락시험평가체계개발'이라는 기술지원 과제를 추진하기로 결심했다. 이것은 반대하는 연구소를 설득하고, 껄끄러운 국방품질관리소, 비협조적인 미국 측을 상대해야 하는, 개인적으로는 바보 같은 결정이었다. 게다가 적절한 연구 인력의 공급을 기대하기 어려웠다.

국방품질관리소 측 사람들은 나와 함께 일하기 싫어하는 눈치였다. 미국은 마지못해 수락비행시험평가를 본토 대신 한국의 국방과학연구소에서 한다는 원칙에 동의했다. 지속적인 수익원을 놓치기 싫었지만 더 큰 사업을 포기할 수는 없었던 것이다.

미국 및 한국의 각 기관과의 업무 조정은, 위와 같은 상황을 인식한 육군의 사업관리 부서가 교통정리를 잘한 결과였다. 모두가 조금씩 양보하며 일을 성사시킬 준비를 한 것이다.

인턴 연구원과 월급

2002년에 나는 'MLRS 로켓 수락시험평가체계개발'이라는 기술지원 사업계획서를 육군과 국방부로 제출하고 사업관리 및 연구개발을 추진했다. 사실 보통 사람들에게는 '수락시험평가체계개발'이라는 말 자체가 낯설었고, 무엇을 왜 어떻게 해야 된다는 것인지 이해하기 어려웠다.

사업 추진 과정에서 수많은 어려움이 닥쳤는데, 그중 하나가 연구소의 인력 문제였다. 먼저 국방과학연구소를 어렵게 설득하여 시간제로 짬을 내어 참여하는 최소한의 필수 인력을 확보했다. 부족한 인력은 연구소의 규정을 뒤져 당시 전례가 거의 없었던 인턴 연구원으로 채우기로 했다. 무슨 일이든 처음은 어렵기 마련이다. 자격 조건을 정해 공개 모집을 했다. 3년 근무, 월 급여 150만 원이라는 조건에 응모자가 별로 없을 것 같았다. 대전 주변의 대학교에 홍보를 하여 2명이 응모했다. 이 중 1명은 스스로 포기하고 1명을 인턴 연구원으로 겨우 확보할 수 있었다.

나는 인턴 연구원에게 몇 달 동안 잡일을 맡기고, 공부도 시켜가며 연구자로 만들었다. 매일 붙어 다니자, 주변에서는 내가 친인척을 채용한 것으로 오해하기도 했다. 인턴 연구원의 채용은 황무지를 개간하는 것처럼 힘들었지만 연구 인력을 육성하는 가치 있는 일이었다.

인턴 연구원의 월급은 육군이 제공하는 기술지원사업 예산에서 지급했다. 그런데 육군이 해마다 봄을 넘겨 당해 연도 예산을 제공하는 통에 연초에는 개인 돈으로 인턴 연구원의 월급을 주기도 했다. 나는 이런 불합리한 현실을 바로잡으려고 노력해보았지만, 그다지 성과가 없었다.

한편 많은 설움을 겪은 그 인턴 연구원은 3년 만에 연구소의 정규 직원 채용시험에 합격하여 현재 중요한 역할을 수행하고 있다. 이제 그가 월급을 몇 달씩 밀려 받는 일은 없다.

MLRS 수락시험평가체계개발을 위한 소프트웨어 교육

2003년 여름 MLRS 로켓 수락시험평가체계개발 과제를 수행하기 위해 나는 미국 텍사스 주 댈러스에 있는 록히드마틴 사에서 한 달가량 머물렀다. 기술 도입으로 생산하는 MLRS 로켓의 수락비행시험평가를 한국의 안흥시험장에서 하기 위해서는 MLRS 로켓에 대한 탄도계산 알고리즘 소프트웨어ballistic algorithm S/W와 그것을 운용하고 해석하는 기법을 교육받아야 했기 때문이다.

MLRS/ATACMS의 사업관리 부서는 앨라배마 주 헌츠빌에 위치한 정부 측 연구소에 있었다. 연구개발의 핵심 내용이지만 탄도계산 알고리즘 소프트웨어는 업체가 개발한 것이라서 해당 업체가 있는 댈러스로 교육을 받으러 간 것이었다. 이러한 교육에 대한 계약은 한국과 미국 정부 간 기술 도입을 위한 대외군사판매FMS: Foreign Military Sale 계약에 포함되어 있었다.

미국 측의 강사는 소프트웨어의 개발자이면서 그것을 운용하고 있는

두 사람이었고, 한국 측 수강생은 나를 포함하여 세 명이었다. 미국 측 강사와 우리 수강생들은 한 달가량 함께 생활하면서 매우 친근해졌다. 동일 업종의 종사자였기 때문에 유대감을 가졌다.

한국 측 수강생들은 이미 자체 개발한 130mm 다연장로켓의 수락시험 평가를 위해 MLRS 탄도계산 알고리즘 소프트웨어와 유사한 소프트웨어를 개발하여 운용하고 있었다. 그래서 미국 측 강사도 한국 측의 기술 수준이 매우 높다는 것을 알게 되었고, 많은 것을 세세히 교육하고 전달해주었다.

컴퓨터 프로그램 소스코드는 제공 불가?

그런데 문제의 탄도계산 알고리즘 소프트웨어 자체의 양도 형태를 두고 한국과 미국 간에 분쟁이 생겼다. 나는 한국 육군에 누차 강조하여 대외군사판매FMS 계약 시에 탄도계산 알고리즘 소프트웨어의 소스코드를 양도받는 조항을 포함시킬 것을 일러두었었다. 그 소스코드는 포트란 언어로 작성되어 있어 사람이 해독할 수 있는 프로그램이었다. 이것을 확보하면 그 탄도계산 알고리즘 소프트웨어를 100% 확보하는 것이고, 이를 필요시 안흥시험장의 환경에 맞추어 수정 개발하여 사용할 수도 있기 때문

```
      RXDDOT = RXDDOT+DELTAY*(WYDOT(1)*SINS - WZDOT(1)*COSS)
      RYDDOT = RYDDOT+DELTAX*(WZDOT(1)-DELTAY*WXDOT(1)*SINS)
      RZDDOT = RZDDOT+DELTAY* WXDOT(1)*COSS - DELTAX*WYDOT(1
C
C         ADD  2*OMEGA CROSS SMALL R DOT
C
      RXDDOT = RXDDOT+2.*DELTAY*SDOT*(WYP*COSS  +  WZP*SINS)
      RYDDOT = RYDDOT-2.*DELTAY*SDOT* WXP*COSS
      RZDDOT = RZDDOT-2.*DELTAY*SDOT* WXP*SINS
C
```

소스코드의 예 소스코드는 원시코드라고도 하며, 소프트웨어의 동작에 관한 모든 것을 사람이 읽을 수 있는 프로그래밍 언어로 기술해놓은 것이다.

이었다. 그래서 미국 현지에서 교육을 받으면서도 소스코드를 양도받는 것으로 개발업체와 재확인했다. 교육을 하던 개발업체의 강사들도 한국 측 수강생들이 그 탄도계산 알고리즘 소프트웨어를 너무나 잘 이해하는 것을 보고, 굳이 소스코드 양도를 꺼려야 할 이유가 없다고 판단했다.

그런데 소스코드 양도에 대해 미국 정부 측 연구소의 사업 책임자가 제동을 걸었다. 그들은 미국 정부 소유의 모든 소프트웨어는 사람이 해독 불가능한 컴퓨터의 실행코드만 제공할 뿐 소스코드는 제공하지 않는다는 것이 원칙이라고 하며 거부했다. 나는 한국 육군의 사업관리 책임자와 연락을 취해 항의했지만 결국 소스코드를 확보하지 못했다. 실행코드만 확보해도 수락비행시험평가를 할 수 있는 방법이 있어서 협의 결과를 수용한 것이다. 나는 이번 일을 통해 계약 과정에서 확보해야 할 조건은 처음부터 거듭 확인하여 계약서 문안에 명기해야 함을 다시 한 번 깨달았다.

우리는 귀국하여 교육받은 내용과 인수한 MLRS 로켓용 탄도계산 알고리즘 소프트웨어에 대해 방대한 보고서를 작성하여 연구소와 관련 기관에 제출하고, 안흥 해상시험장 환경에 적합한 수락비행시험 결과 분석용 소프트웨어를 준비했다.

MLRS 기술협력 시제품 생산과 시험평가 2003년

2003년 봄 국내의 다연장로켓 방산업체들과 국방품질관리소는 미국으로부터 도입한 MLRS 로켓의 기술자료들을 열심히 공부하여 로켓 시제품을 생산했다.

이즈음 한국의 MLRS 로켓 최종 조립업체는 미국의 생산 시설을 참조하여, 한국의 방산품 단일 생산 시설로는 가장 크고 현대화된 공장을 준공했다. 기술협력생산 계약 이후 2년도 안 되어 생산 공장을 짓고 시제품을 만

국산 MLRS의 첫 시험(2003, 안흥시험장) 한국팀은 계약 후 2년도 안 된 2003년 5월 28일에 첫 시제품 시험을 하는 실력을 많은 손님들 앞에서 보여주었다.

들어내며 시험평가 준비를 한다는 것은 방산업체의 많은 준비 없이는 불가능한 일이었고, 나아가 한국의 역량 수준이 그만큼 높아졌음을 의미했다. 이때 건설된 현대식 로켓 공장은 한국 방산업체의 시설이 한 단계 발전했음을 보여준 대표적인 예로 이후 많은 손님들의 방문 코스가 되었다.

방산업체는 정성스레 만든 시제품에 대해 국방과학연구소에 비행시험평가를 의뢰했고, 연구소는 이 로켓 시제품을 활용하여 그동안 개발해온 "MLRS 로켓 수락시험평가체계"를 적용해보며 분석하는, 이중 목적의 비행시험평가를 하게 되었다.

나는 이 비행시험평가를 하기 전에 육군과 협조하여 통상적으로 육지의 전방 지역에서 훈련용 탄으로 실시하는 MLRS 부대 훈련사격을 국방과학연구소 안흥시험장에서 하도록 했다. 연구소의 안흥시험장 측은 육군의 이 훈련사격을 이용하여 계측 레이더로 비행체를 추적하는 등의 사전 연습을 해두었다.

이렇게 군과 관련 기관 및 업체들이 협조한 결과, 2003년 봄 국방과학연구소 안흥시험장에서 한국에서 처음으로 생산한 로켓의 비행시험평가를 성공적으로 마칠 수 있었다. 그러나 MLRS 로켓의 첫 시제품은 발사관과의 인터페이스 문제 등 몇 가지 보완이 필요하다는 것이 확인되었다.

국방과학연구소가 개발하고 있는 "MLRS 로켓 수락시험평가체계"는 차후 기술협력 생산품의 시험평가에 적용할 수 있음이 입증되었다.

MLRS 기술협력생산품 국내 시험평가, PPQT시험 2003년

첫 시제품을 보완하여 생산한 제품을 다시 2003년 가을에 국방과학연구소 안흥시험장에서 시험한 결과, 모두 만족스러웠다.

미국 사람들이 개발 단계와 생산 단계에서 사용하는 중요한 시험평가 용어로 개발 단계에서의 최종 시험인 PQT(Production Qualification Test), 생산 단계에서의 입증시험인 PVT(Production Verification Test)가 있다. 간단히 말하면 PQT는 연구개발품에 대해 합격 여부를 평가하는 시험이다. PVT는 연구개발을 완료한 후 제품이 정해진 규격대로 생산되어 합격 조건을 충족시키는지 평가하는 시험으로 MLRS 로켓의 경우 최종수락비행시험평가에 해당한다.

그리고 연구개발 단계에서 PQT를 의뢰하기 전에 최종 시도하는 시험을 예비PQT PPQT: Pre-Production Qualification Test라고 한다. 즉, 한국에서 2003년 가을에 실시한 비행시험이 미국 용어로 예비PQT였다. 나는 미국의 양식에 맞추어 영문으로 작성한 예비PQT 시험 결과 보고서를 미국 측에 제공했다. 이를 통해 한국산 제품의 성능과 안전도가 미국산 제품과 동일한 수준이며, 미국 본토에서 PQT 시험을 할 수 있다는 메시지를 전달했다. 미국 본토 시험장에서 미국 측 시험 요원들에 의한 PQT 시험에 합격하면, 그 후 생산 단계에서의 입증시험인 최종수락비행시험평가는 한국 국방과학연구소의 안흥시험장에서 한국 측이 독자적으로 한다는 계획이었다.

안흥시험장에서 두 번째 비행시험인 예비PQT 시험을 마친 다음, 한국의 육군과 국방과학연구소, 국방품질관리소, 그리고 관련업체들은 애당초 계획한 것처럼 국내 생산한 MLRS 로켓을 미국의 화이트샌즈 시험장으로 가져가 PQT 시험평가를 실시할 준비를 했다.

이렇게 내가 약 500만 달러라는 많은 비용을 감수하고 미국 본토에서의 PQT 시험평가를 계획한 데에는 다양한 목적이 있었다. 국방과학연구소가 개발한 'MLRS 로켓 수락시험평가체계'를 검증하고, 한국 측이 생산한 MLRS 로켓의 성능이 미국산과 동일하다는 것을 입증하며, 기술협력생산 시 발생할 수 있는 시빗거리를 일소할 수 있다고 판단했기 때문이다.

그리고 활성 자탄의 폭발 성능을 정확히 평가하기 위해 적어도 한번은 미국의 화이트샌즈 시험장 같은 육상 시험장에서 실시할 필요가 있었다. 이러한 계획은 나와 껄끄러운 관계였던 국방품질관리소가 서로 협조하는 데에도 도움이 되었다.

한국 생산 로켓의 최초 국외 시험평가 2004년

2004년 여름, 정성스레 만든 로켓을 미국으로 보내고 한국의 여러 기관과 업체 요원들로 구성된 기술협력 생산 MLRS 로켓 통합시험평가팀이 미국의 화이트샌즈 시험장으로 갔다.

이때 구성된 한국의 통합시험평가팀은 인원수와 전문 분야, 참여 기관 등에서 명실상부한 종합 IPT팀이었다. 국방과학연구소에서는 안흥시험장의 연구원도 여러 명 참여시켜 차후 한국에서 수행할 최종수락비행시험 계측을 차질 없이 준비할 수 있도록 했다.

한편 미국은 한국이 만든 폭발물의 신뢰성에 대해 일단 보증을 요구했다. 따라서 미국의 시험장으로 수송하는 데 필요한 안전 보증, 보험 가입 등의 문제들을 해결하기가 쉽지 않았다. 미국의 화이트샌즈 시험 요원들도 한국이 만든 폭발물을 다루면서 처음에는 다소 불안감을 갖고 있었다. 그러나 그동안 한국과 미국의 정부 기관 간에 많은 회의와 상호 방문을 통해 의사소통을 하고 신뢰를 쌓은 결과, 어려운 문제들이 하나씩 풀려 나갔다.

미국 뉴멕시코 주 사막에 위치한 화이트샌즈 시험장은 길이가 160km가 넘는 큰 시험장이다. 미국의 각 군과 NASA 등이 함께 사용하는 대형 시험장으로 오래전부터 외국의 무기 체계 시험평가도 서비스하고 있었다. 일본의 경우는 자위대 훈련사격을 이곳에서 하고 있었다. 그래서 화이트샌즈 시험장의 한 빌딩은 외국팀이 전용으로 사용했다. 예를 들어 1월은

한국 로켓 최초의 국외 시험(2004. 7. 1. 화이트샌즈 시험장) 로켓을 만든 한국 사람과 시험을 하는 미국 사람 모두 초조한 가운데 한국 로켓의 최초 국외 시험을 실시했다.

독일, 2월은 영국, 3월은 이스라엘, 4월은 일본 식으로 돌아가며 사용했다. 그러한 미국의 화이트샌즈 시험장에 한국이 처음으로 등장한 것이다.

또, 기술협력생산이지만, 국내에서 개발 과정 중에 생산한 무기 체계를 외국의 종합 시험장으로 수송하여 조직적으로 시험평가를 수행한 것은 MLRS 로켓이 처음이라고 판단된다. 즉, 기술협력으로 생산한 MLRS 로켓이 한국의 무기 체계 시험평가에서 국제화 테이프를 2004년에 끊은 것이었다.

V2와 히로시마 원폭의 화이트샌즈 시험장

미국 유도무기 시험평가의 요람인 화이트샌즈 시험장은 1945년에 설립되었다. 제2차 세계대전 말기 독일에서 가져온 많은 양의 V2 로켓을 약 100회에 걸쳐 비행시험을 하며, 미국형 유도무기의 개발을 추진한 종합 시험장이다. 미국인들은 이 시험장을 위스머WSMR라는 애칭으로 부른다.

미 육군은 이 시험장에서 V2 로켓을 시험하면서 많은 실패를 했고, 로켓이 시험장 옆의 큰 도시인 텍사스 주 엘패소의 주거 지역에 떨어져서 피해를 입힌 사고도 있었다. 발사장 지역에는 이런 실패에 대비한 안전시설로 무지막지한 콘크리트 덩어리인 'Block House' 발사통제소가 유물로 남아 있었다. 그리고 시험장 입구에는 이 시험장에서 비행시험을 했던 모든 비행체들의 실물 모형들이 전시된 야외 박물관이 있다.

미국의 각 군 및 주요 기관들과 외국이 수많은 종류의 시험평가를 이곳에서 지금도 활발하게 하고 있다. 환경시험 시설 등 많은 시험장, 그리고 수없이 많은 계측 시설 장비와 시험장통제센터RCC: Range Control Center, 여러 개의 발사장과 탄착 지역이 있으며, 직원들이 거주하는 아파트와 학교, 편

V2 로켓 시험(1945) 미국은 100여 기의 V2 로켓을 독일에서 전리품으로 들여와 화이트샌즈 시험장에서 시험발사를 했다. 왼쪽의 피라미드 하단과 같은 부분이 'Block House' 이다.

의 시설들이 모여 있는 작은 타운도 있다.

화이트샌즈 시험장에 머무는 동안 나는 시험장 내의 이발소를 이용했다. 이발사는 필리핀 출신의 여성으로 매우 친절했다. 그 이발사는 한국 사람에 대해 매우 부러움을 느끼고 있었다. 그녀는 한국 사람들이 자기네 필리핀 사람들보다 머리도 좋은 것 같고 체격도 크며 잘생겼다는 이야기를 여러 번 나에게 했다. 나는 그 말에 겸손하게 답변했지만 속으로는 기분이 좋았다. 나중에 필리핀을 여행하며 느꼈지만, 실제 그런 것 같았다. 미국의 화이트샌즈 시험장에 처음 등장한 한국이 우수한 실력을 보여준 것과 함께, 또 한 번 자부심을 갖게 하는 경험이었다.

화이트샌즈 시험장에 있을 때, 시험장 북쪽 끝 부분에 있는 트리니티사이트에 가볼 수 있는 기회가 있었다. 이곳은 제2차 세계대전 때 미국이 맨해튼 프로젝트로 개발한 핵폭탄을 1945년 7월 16일 지상폭발시험을 한 곳으로 일반인의 접근이 통제된 장소였다. 그곳에는 핵폭탄을 예비시험할 때 사용한 무지막지한 케이스도 전시되어 있었다.

원폭의 연구개발진은 핵폭탄을 30m 높이의 철탑 위에 올려놓고 폭발시켰다. 이때 위험성을 충분히 예측하지 못하고 사업 책임자인 그로브Groves, L. 장군, 연구 책임자인 오펜하이머Oppenheimer, R. 박사 등 간부들이

원폭 예비시험 폭발 0.016초 후의 화구(1945) 원폭 예비시험 폭발은 트리니티 사이트에서 오펜하이머 등 연구개발진이 육안으로 바라보는 가운데 실시되었다.

16km 떨어진 관측소에서 폭발 장면을 육안으로 바라보고 있었다. 그들은 폭발 순간 얼굴에 열기가 닿는 것을 느꼈으며, 무려 190km 밖에서도 유리창이 깨졌었다. "무식하면 용감하다"는 말이 떠올랐다. 핵폭탄의 폭발과 함께 그 철탑과 주변의 모든 것들이 순식간에 사라지고, 사막의 모래는 녹아서 수많은 유리구슬이 되었다. 아무것도 남지 않은 그곳을 '그라운드 제로'라고 했다. 내가 방문했을 때에도 땅 위 여기저기서 초록색의 유리구슬을 볼 수 있었다.

'그라운드 제로'에서 약 3km 떨어진 사막 한가운데에는 '조지맥도널드 랜치하우스'라는 핵폭탄의 최종 조립장 겸 연구원들의 숙소가 남아 있었다. 안에 들어가보니 뜨거운 사막이지만 지하실은 시원했다. 식품을 저장하는 냉장고 역할을 했다고 하는데, 그 당시에는 냉장고가 없었던 것 같았다. 숙소 바로 옆에는 '물탱크'라고 했던 미니 수영장이 있었다. 나는 국방과학연구소의 수영장을 떠올렸다. 국방과학연구소의 수영장보다는 크기가 훨씬 작았다. 사막에서 수영장 물은 분명히 최고의 사치품이었을 것이다.

이러한 외딴 시험장에 처박혀 연구개발 시험평가를 하다가 가족이 있는 집에 한 번 다녀오는 것 또한 큰일이었다. 그 교통편을 마련하기 위해

히로시마 원폭의 시험장 트리니티사이트 A. 원폭 시험 기념비 B. 예비시험에 사용했던 핵폭탄의 껍질 C. 원폭 개발진이 이용했던 미니 수영장

가까운 곳에 비행장을 만들고 비행기를 제공했다. 역시 중요한 국방과학기술을 연구개발하는 데는 많은 투자가 필요했던 것이다.

이것이 내가 목격한, 약 65년 전 제2차 세계대전을 종식시킨 핵폭탄을 연구개발하고 시험평가한 역사의 현장이었다. 나는 주변을 돌아보며 미국인들이 약 65년 전에 어떻게 중요한 국방과학기술을 연구개발했는가를 파악할 수 있었다.

시험장의 업무 시작은 새벽 5시

화이트샌즈 시험장에서는 폭발성이 있는 실제 탄을 여러 발사장에서 시험할 수 있는데 해당 사거리에 적절한 탄착 지역으로 사격한다. 첫날은 이 발사장에서 저 탄착 지역으로, 둘째 날은 또 다른 탄착 지역으로 사격시험을 한다. 일단 사격된 탄착 지역은 탄착 정확도와 불발탄 위치 등을 측정하고 안전조치를 하여 다음 사격시험에 대비하는데, 이런 작업에 보통 1주일이 소요된다. 사격 장면에서부터 육안으로는 보이지 않는 원거리에서 비행 중인 비행체의 형상, 그리고 탄착 지역에서 폭발하는 모든 장면들의 영상이 실시간으로 생생하게 시험통제소의 화면에 보이는 정도로, 세계적으로 선진화된 시험장이었다.

이 화이트샌즈 시험장은 사막에 자리 잡고 있어서 낮에는 매우 더워 야외에서 시험하는 것이 고역이다. 따라서 시험 관계자들은 보통 새벽 5시 전후에 일을 시작하여 늦어도 이른 오후에 일과를 마치고 퇴근했다. 새벽같이 출근하기 위해 우리는 전날 밤 12시경에 심야영업을 하는 맥도널드에 가서 두 종류의 햄버거를 사서 출근 준비를 해놓고 잠깐 잔 뒤 새벽 4시에 출발하곤 했다. 두 종류의 햄버거를 준비한 것은 아침용과 점심용이 모두 필요했기 때문이었다. 발사장은 저 멀리 허허벌판에 있었다. 햄버거는 시험 준비 중 짬을 내어 대충 먹고, 시험 후 차를 몰아 사무실로 돌아와서 짧은 회의quick review meeting를 마친 후 퇴근하는 것이 당시의 일과였다.

시험 준비 과정에서는 수많은 사람들이 손발을 맞추어야 한다. 이 때문에 때로는 주말에도 일을 해야 했다. 물론 휴일 근무 수당을 주어서 그렇겠지만, 시험장 직원들은 시험 사정을 이해하고 두말없이 휴일 근무를 해주었다. 국방과학연구소의 시험장에서도 합당한 휴일 근무 수당을 지급하여 시험장 활용도를 더 높여야겠다는 생각이 들었다.

MLRS 기술협력 생산품 국외 PQT 성공 2004년

한국에서 생산한 MLRS 로켓에 대한 PQT 시험은 대략 3개월간 진행되었다. 애당초 계획에는 없었지만 확실한 평가를 위해 미국산 로켓도 추가하여 한국산 로켓과 병행 시험함으로써 성능 차이가 있는지도 비교 평가했다. 직접 시험사격하고 결과를 분석한 미국 측이 인정한 것이지만 최종적인 결과는 매우 성공적이었다.

이 PQT 시험 최종 결과가 합격이라는 것을 한국에 돌아가서 보고하고, 대량 생산품의 최종수락비행시험평가에서 합격·불합격을 결정할 기준을 포함하는 국방규격을 제정해야 대량생산에 들어갈 수 있었다. 그러나 한국 사람들은 벌써부터 미국에서의 PQT 시험은 합격이고, 전력화 소요시기 충족을 위해 대량생산을 빨리 준비해야겠다고 들떠 있었다. 사실 지난 몇 년 동안 진행된 여러 분야에서의 수많은 과정들이 하나의 착오도 없이 모두 잘 이루어진 것이 또 하나의 기적이었다. 한번 계획된 전체 일정

미국에서의 국산 로켓 PQT 시험 준비 미국 시험팀은 한국산 로켓 성능이 우수하다며 폭발물 취급에도 안심하기 시작하였다.

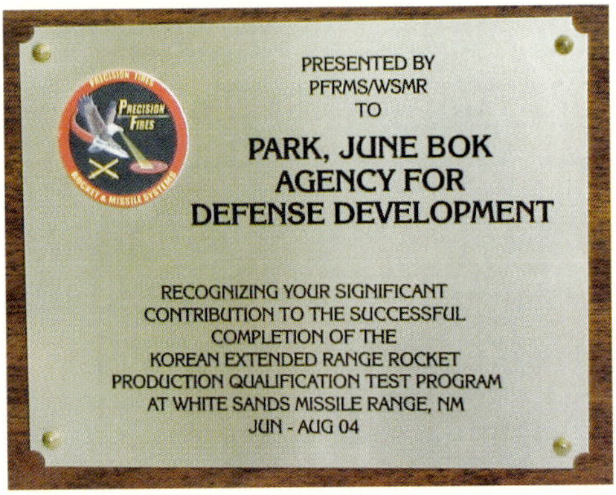

한국의 로켓 시험 성공 기여에 대해 미국 측이 수여한 감사장

이 그대로 달성되어, 불가능할 것 같았던 한국군의 전력화 일정 계획을 준수할 수 있게 된 것이다. 한국과 미국 모두가 만족해하는 성공적인 사업이었다. 미국 정부 연구소와 시험장 측은 성공적인 사업 수행에 대한 한국 측의 기여도를 평가하고 나에게 감사장을 수여했다.

생산 단계의 시험인 최종수락비행시험평가에서 합격·불합격을 결정할 기준을 포함하는 국방규격을 작성하는 작업은 국방과학연구소에 속한 내가 해야 할 일이었다. 그 국방규격의 심의 과정에서 국방품질관리소의 비협조를 더 이상 우려할 필요가 없을 정도로 모든 방향이 결정된 성공적인 PQT 시험이었다.

「기술협력생산사업 사례연구—MLRS 로켓탄 기술협력생산」

나는 2개월 동안 화이트샌즈 시험장에 머무르며 PQT 시험을 수행했다. 이 과정에서 많은 한국 사람들이 선진화된 시험장과 시험 방법 및 절차 등을 경험하여 기술 수준이 향상되는 부수적 효과를 거두었다. 그리고 나를 포함한 많은 한국 사람들이 미국 팀과 유대 관계를 형성하게 되었다. 나는 이 PQT 시험 결과와 국방규격의 개발 등 모든 내용을 정리하여 방대한 양의 보고서로 만들어 연구소에 제출하고 관련 기관이 참조할 수 있도록 했다.

또 이때의 경험을 월간지 『국방과 기술(2006.5)』에 「기술협력생산사업 사례연구-MLRS 로켓탄 기술협력생산」이라는 논문으로 발표했다. 여기서 나는 다음과 같은 주장을 했다.

우수논문

기술협력생산사업 사례연구
-MLRS 로켓탄 기술협력생산-

朴 [illegible] [illegible]
國科硏 제3체계개발본부
책임연구원

우리 나라의 기업들은 매 년 수십억 달러의 기술 로열티를 외국에 지불하고, 다만 수 억 달러의 로열티를 받고 있다고 한다. 이 기술협력생산사업이 좀 더 성공하려면, 협력한 기술들을 발전시켜 기술협력 계약조건의 굴레를 벗으며 첨단 선진체계를 개발하고 자주국방에 기여함과 동시에, 기술수출국으로 발전할 수 있어야 할 것이다. 기술수출에서 중요한 것은 그 기술의 기술자료가 잘 문서화 되고 보존되어 있어야 거래가 가능하며, 머리속에 그 기술을 보유한 사람이 잘 보호되고 그 기술 전체를 이해 하고 있는 책임자가 있어야 수출할 수 있다는 것이다. 아무리 바쁘더라도 20~30년 뒤의 기술수출을 대비하는 활동은 매우 중요하다. -필자 주-

알려진 바와 같이 한국은 IMF사태를 전후하여 1차 구매사업, 2차 구매사업으로 두 차례에 걸쳐서, 미국이 개발한 MLRS/ ATACMS 체계를 구매하여 운용하고 있다. 그런데 MLRS 로켓탄은 미국산 제품을 직구매하지 않고 현재 국내에서 기술협력생산(면허생산)하여 전력화 하고 있다.

즉, 이 기술협력생산은 단일 과제로 [illegible] 것이 아니고 MLRS/ATACMS 체계 구매사업의 한 부분으로 볼 수 있는데, 이러한 상황의 기술협력사업은 앞으로도 종종 있을 것으로 예상되며, 기술협력 이외의 대안도

* 최근 획득관리규정이 방위력개선사업관리규정으로 개정되면서 기존 '기술도입생산'이란 용어가 '기술협력생산'으로 바뀌게 되었다.

74 • 국방과 기술 2006/5

기술 수출국으로의 발전을 강조한 저자의 논문

많은 비용을 지불한 기술협력생산사업이 좀 더 성공하려면, 협력한 기술들을 발전시켜 기술 도입 계약 조건의 굴레를 벗으며 첨단 선진 체계를 개발하고 자주국방에 기여함과 동시에, 기술 수출국으로 발전해야 한다. 기술 수출을 위해서는 기술 자료를 잘 문서화하고 보존해야 한다. 그리고 기술을 보유한 사람이 잘 보호되고, 그 기술 전체를 이해하고 있는 책임자가 있어야 기술 수출이 가능하다. 아무리 바쁘더라도 20~30년 뒤의 기술 수출에 대비하는 활동이 필요하다.

이러한 나의 주장은 현실화되어 '차기 다연장로켓'이라는 연구개발 사업이 착수되었다. 이것은 한국이 프랑스의 고속철 테제베TGV를 도입한 뒤 차기 고속철을 자체 개발하고 최근에 외국 수출을 시도하는 것과 유사한 사례이다.

선진화를 위한 조건들

교류, 교환, 다양성, 다문화는 선진화의 키워드이다.
요즈음은 이러한 단어들이 단일민족의 대한민국에서도 회자되고 있어서 다행이다.

교류와 다양성은 선진국으로 가는 지름길

선진국 사회를 유심히 살펴보면 그들이 어떻게 발전해왔는가를 알 수 있다.

미국 피카티니 조병창에서 교환 근무를 하던 1993년 어느 날, 내가 있는 부서에 메릴랜드 주에 있는 ARL(Army Rearch Laboratory) 연구소의 교환 연구원이 3개월 일정으로 파견 와서 인사를 하게 되었다. 파견 연구소인 ARL이 그에게 요구한 임무는 아무것도 없었다. 그냥 3개월 파견 갔다 오라는 것이었다. 통상 교환연구원에게 요구되는 일이라고 하면, 이쪽에 와서는 저쪽의 상황과 일하는 방법 등을 알려주고, 저쪽에 가서는 이쪽의 상황과 일하는 방법 등을 발표하는 것이다. 그리고 3개월 동안 그저 주변 사람들이 일하는 모습을 구경 다니고 노는 게 보통이다.

피카티니 조병창에서 열린 다문화 체험 행사(1993) 여러 나라의 문화 행사 중 미국 남북전쟁을 재현했다.

한국에서 내가 교환연구원으로 간 것을 포함하여, 그들은 교류가 선진국으로 가는 필수 요소라는 것을 옛날부터 알고 있었다. 당장은 얻는 것이 없고 손해가 날지라도 그들은 후진국과도 교류를 멈추지 않는다.

내가 본 또 하나의 선진국 요소는 다양성이었다. 단일한 환경에서의 발전 속도는 다양한 환경에서의 발전 속도보다 빠를 수 없다. 발전하고자 하는 동기 부여도 다양한 환경에서 훨씬 더 쉽게 일어난다.

그리고 그들은 우리보다 더 솔직했다. 자기의 연구 분야에서 실패하거나 장애물에 막혀 전진을 못할 때, 아픈 사람이 약을 구하고 명의를 찾듯이 공개적으로 그 문제점을 널리 알리면서 도움을 요청했다.

1993년 어느 날 피카티니 조병창에서 다문화 체험 행사가 열렸다. 나는 이 행사에 참여하여 미국인들에게 한국을 알리고 싶었다. 그래서 행사 참여 신청을 하고, 교포 직원과 이웃의 도움을 받아 판매할 한국 음식을 준비했다. 토의 끝에 불고기와 잡채, 샐러드처럼 싱겁게 담근 김치 등 종류

별로 100인분을 준비했다. 준비한 음식은 맛이 좋고 값도 저렴하여 오전에 다 팔렸다. 그런데 김치 샐러드에 대한 입소문이 퍼져 손님들이 계속 밀려왔다. 하는 수 없이 가족들이 먹으려고 집에 보관했던 김치까지 내다 팔았다.

광장에서 진행된 행사는 재미있었고, 미국인들이 한국 음식을 맛있게 먹어 흐뭇했다. 힘은 들었지만 한국인으로서 뿌듯한 보람을 느낀 하루였다. 다문화와 다양성을 수용하는 태도는 이런 작은 행사를 개최하고 참여하며 즐기는 마음의 여유에서 출발한다.

전시실 국방과학관 준공

2001년 국방과학연구소는 새로운 방문 코스가 될 전시실 국방과학관을 준공했다. 소장의 배려로 외부 손님들에게 공개하기에 앞서 직원 가족들을 초청했다.

선진국의 특징 중 하나는 박물관이 많다는 점이다. 일류 기업일수록 고객에게 신뢰를 심어주고 홍보를 하기 위해 전시실을 호화스럽게 만든다. 뒤늦게나마 국방과학연구소도 전시실을 마련한 것이다.

뜨겁던 어느 여름날, 우리 가족은 오랜만에 연구소를 방문했다. 전시관이 생겼다고 말했지만 아내와 아들은 귀찮다는 듯 따라나섰다. 그러나 막상 국방과학관에 도착해서는 탁 트인 잔디 운동장이며, 공짜로 골라 먹는 아이스크림 단지, 산뜻하게 단장된 전시실, 진짜 전문가의 친절한 안내 등으로 횡재한 기분으로 바뀌었다. 그것은 뜻밖의 반나절 선물이었다.

국방과학관은 그 입구를 모자이크처럼 빽빽이 채운 사진 속의 얼굴들이 지난 수십 년간 남몰래 피운 꽃을 볼 수 있는 곳이다. 나의 가족은 즐겁게 미로 찾기를 하듯이 내 얼굴을 찾았다.

국방과학관 전시실에 선 저자 ADD에서 개발한 각종 무기의 실물 모형이 전시되어 있고, 전투 시뮬레이션도 해볼 수 있다.

아들은 돈도 못 벌고 출세도 못한 아버지를, 또 국방과학연구소와 작은 나라 대한민국을 대수롭지 않게 여겼는데, 국방과학관을 둘러보고는 눈빛이 달라졌다. 아들은 야외에 세워져 있는 유도탄을 보고 진짜냐고 물으면서, "굉장히 큰데……" 하며 감탄했다. 이제야 아들이 아버지를 이해하는 가족 구성원이 된 듯했다. 평소 말수가 적던 나는 막걸리를 서너 사발 들이켠 사람처럼 말문이 술술 열려 수다맨이 되었다.

모든 연구원들의 사정이 비슷하지만, 보안상의 이유로 우리 가정에서는 연구소에서 하는 일을 화제로 삼지 않는다. 남편과 아빠가 무슨 일을 하는지, 무엇 하러 출장을 가는지, 때때로 왜 밤을 새우고 휴일에도 근무하는지, 왜 직장 일로 고민하는지 대화가 거의 없다. 그러다 보니 연구소는 우리 가족에게 먼 나라와 같았다. 보통은 과묵한 이공계 사람들이 이런 특수한 환경에서는 더욱 말수가 적어진다. 심한 경우 가족 관계에서도 문제를 일으킨다. 말을 아끼라는 말도 있지만, 가족이건 정치판이건 대화의 부재는 언제나 문제와 싸움의 씨앗이 된다. 국방과학관은 이런 우리 가족에게 고성능 윤활유를 선물했다. 나는 내 인생에서 그날을 잊지 않고 있다. 그리고 그날의 감동을 다음과 같은 소감으로 남겼다.

> 국방과학관아, 고맙다!
>
> 서울 용산에 전쟁기념관도 있지만, 역시 국방과학관이 더 좋다. 국방과학관은 우리 연구소의 꽃이라고 할 수 있다. 아니, 무궁화와 같은 온 국민의 꽃이 되어야 할 것이다. 한번 피었다가 지는 꽃이 아니고, 속속들이는 안 된다 할지라도 우리를 사랑하는 사람들이 언제나 찾아주고 쉬어갈 수 있는 공원으로 발전하기를 기원한다. 홍보팀이 계속 발전하여 살아 움직이는 전시관과 홈페이지를 꾸며갈 수 있기를 기대한다.

상대와 나의 위치 파악이 선진화의 시작!

2001년도에는 나에게 또 하나의 부수 임무가 부여되었다. 미사일 분야의 국방과학기술조사서를 작성하는 일이었다. 현재는 국방과학기술 기획 임무가 국방기술품질원으로 넘어가 있지만, 당시에는 국방과학연구소에서 작성했다. 3년마다 작성하는 중요한 기획문서로 방위력 증강과 연구개발 계획 수립에 꼭 필요했다.

국방 기획문서를 이렇게 작성하는 제도는 미국의 체계와 유사하다. 2001년판 국방과학기술조사서는 미국의 국방성과 각 군의 최신 기획문서를 획득하여 그것을 기반으로 작성한다는 방침이었다. 이제까지 작성한 국방과학기술조사서와는 색다른 기획으로 각 분야별로 국방과학연구소의 많은 전문가들이 동원되었다. 선진국의 추세를 광범위하게 살필 수 있는 기회이기도 하여, 나는 정성을 다해 미사일 기술의 현황과 미래에 대해 작성했다.

참고문헌인 미국의 기획문서를 보면, 수많은 전문가들을 동원하여 자국을 포함한 약 30개 주요국의 기술 수준을 각 분야별로 분석, 추적하고, 그 결과 자기들은 이렇게 가야 한다는 방향을 제시하고 있었다. 미국처럼 자기 자신을 포함한 주변을 돌아보며 남들의 기술 수준을 추적하고 분석하는 것은 여러 관점에서 필요하고 중요한 일이다. 이런 활동을 게을리하면 독불장군 또는 우물 안 개구리를 면치 못하고, 미래 예측을 엉터리로 하기 십상이다. 한국은 나름의 특징이 있기 때문에 모든 면에서 선진국을 모방할 필요는 없겠지만, 세계와 나의 주변이 어떻게 가고 있는가를 분석하는 것은 본받아야 할 일이다.

그런데 한국 사람들은 아직도 이런 것을 중요하게 생각하지 않는 것 같다. 게다가 전문가가 아니어도 누구나 할 수 있다고 생각하는 것 같다. '할 수 있다', '하면 된다'라는 구호가 한국에서 기적을 일으키는 데 많은 기여를 했지만, 일류 품질의 작품을 만들어가야 하는 2000년대에 있어서 중요한 기획문서를 작성할 때에는 합당한 비용을 지불하며 해당 분야의 최고 전문가를 투입해야 한다.

미국 전문가들이 26개 주요 국가의 미사일 분야 기술 수준을 평가한 자료를 보면, 미국, 영국, 프랑스, 러시아, 우크라이나, 중국, 이스라엘, 독일, 일본이 선진국이고, 2000년 당시 중진국으로 분류되었던 북한의 기술 수준을 한국보다 더 높은 것으로 분석했음을 알 수 있었다.

의사소통과 프레젠테이션 능력은 중요한 실력

모든 일에 있어서 상대방에게 어떤 정보를 잘 전달하고 대화하는 것은 누구에게나 중요하다. 선진국에서는 이러한 것을 더 중요하게 생각하고 교육을 한다. 한국에서는 입학시험이나 채용시험 과목에 없다 보니 아직도 매우 소홀히 하는 경향이 있다.

한국의 기술 계통 연구원들은 보고, 발표와 대화에서 매우 서툴러 손해를 보거나 언쟁이나 싸움을 하고 인간적인 관계에서 적을 만드는 경우가 적지 않다. 보고, 발표나 대화를 할 때 사전에 상대방을 분석하고 그에 맞추어 준비하는 것이 기본이다. 많은 사람들은 이러한 기본 사항조차 신경 쓰지 않는다. 또, 발표에 능숙한 전문가를 제외하고 대부분은 과도하게 얘기하다가 시간에 쫓기거나 핀잔을 듣는다. 발표자는 사전에 잘 생각하고 준비하여 적절한 시간 내에 발표를 마쳐야 한다.

특히 전문적인 내용을 비전문가에게 전달하는 것이 어려운데, 그 어려움을 해결하려는 연구원들의 노력이 부족하다. 열심히 보고를 준비한다는 것이 상대방이 알아듣기 어려운 자기만의 이야기를 열심히 하는 실수를 자주 범한다. 의사소통과 프레젠테이션을 잘하는 것은 일류 연구원이 되기 위해서 기본으로 갖추어야 할 실력이다.

발표 자료는 동영상으로, 회의에는 서기를 지명

나는 2000년 이후 미국 연구원과 회의와 자료 발표를 하는 기회가 여러 차례 있었다. 미국 연구원들은 한국의 연구원들과 비슷한 업무를 하지만 하나같이 동영상 같은 자료를 작성하고 발표하는 기술이 우수했다. 그들은 이미 초등학교 시절부터 프레젠테이션 훈련을 받아왔고, 발표 기술이 몸에 배어 있었던 것이다. 게다가 성인이 되어서도 수시로 재교육을 받으며 공부한다. 발표를 멋있고 자신 있게 하면 신뢰감을 주는 것은 당연하다. 이러한 것도 일류 선진국으로 가기 위해 갖추어야 할 요소 중 하나이다.

국방과학연구소에는 1970년대 있었던 차트실은 없어졌지만, 영화실은 계속 존속하여 필요시 동영상 발표 자료 제작 서비스를 해주기도 한다.

그러나 영화실의 임무 우선순위가 연구소 차원의 행사 지원이라서, 각 연구원이 요구하는 동영상 발표 자료를 매번 작성해주기는 곤란했다.

한편 국방과학연구소의 업무보고 자료는 대부분 보안 문제 때문에 외부 업체에 자료 제작을 맡기기가 곤란했다. 동영상의 효과를 인식하고 있던 나는 업무보고 자료를 작성할 때 이를 활용하고자 했고, 연구소의 영화실 지원을 기다리기보다는 직접 동영상 자료를 만들어보기로 했다. 서점에서 책과 소프트웨어를 사서 혼자 공부를 하고 연습해보니, 간단한 보고 발표용 동영상 자료는 만들 수 있었다. 나는 뒤늦게나마 업무보고와 발표에서 시청각 기기를 잘 활용했다. 그 뒤로는 모든 사람들에게 동영상 자료 작성 방법을 배우라고 권하며 야근 시간에 강의를 하기도 했다. 연구소의 기본 교육 과목에 동영상 작성기법을 포함시킬 필요가 있다고 본다.

회의 때마다 서기를 지명하여 회의록도 작성해야 한다. 이러한 프로세스는 업무 처리 대상과 담당자와 책임 한계, 목표 시점 등을 명확히 해주면서 업무 효율을 높여준다.

계획에 없는 외국 전문가도 초청하는 선진국

2006년에 나는 미국 정부의 초청으로 2004년에 방문했던 화이트샌즈 시험장에 두 번 출장을 갔다. 미국 측이 출장 경비를 부담하는 조건으로 기술 자문을 요청한 것이다. 2004년 화이트샌즈 시험장에서 한국 제품을 시험평가할 때 한국과 미국의 관계자가 상호 방문하면서 신뢰가 쌓이고 서로의 실력을 알게 된 것이 계기가 되었다. 나중에 인사를 하며 알게 되었지만 그들도 예산 계획에 없었던 외국 전문가의 초청이 쉽지 않았다. 나는 이때 미국 정부가 팀원 2명을 추가로 초청케 하여 젊은 연구원들에게 선진국과 교류할 수 있는 기회를 만들어주기도 했다.

한국 측 국방과학연구소는 비계획 해외 출장을 거의 승인하지 않지만, 미국 측이 초청장을 보내오고 경비 부담을 제의하자 별다른 이의 없이 승인했다. 나의 두 번째 미국 출장에서는 화이트샌즈 시험장의 현지 사정으로 미국 측이 나의 출장 기간 연장을 요청했는데, 내가 속한 연구소에서 흔쾌히 승인해주어 지원을 잘 마치고 돌아올 수 있었다. 미국 측은 시험설계 관련하여 나의 기술 자문을 받으며 시험을 성공적으로 수행함으로써 출장 경비의 수백 배에 달하는 비용과 시간을 절감하는 효과를 거두었다.

나는 우리 연구진이 미국으로부터 출장 경비를 제공받으면서 기술 지원을 해준 새로운 사례였다는 점에서 자부심을 느꼈다. 한편으로는, 실력만 인정되면 국적을 가리지 않고 외국 전문가를 초청하는 미국의 선진 연구 환경이 부러웠다.

전문가의 지식 가치는 억만금

미국 측이 나를 초청하면서 지원한 출장비는 사실 얼마 되지 않았다. 한국의 연구원들이 해외 출장 시 이용하는 기본 등급의 항공권과 호텔비, 하루 식비로 약 50달러, 그리고 현지 교통편 제공이 전부였다. 그들은 수천 달러로 억만금을 벌었던 것이다. 그래서 손해 본 느낌도 들었지만 초청자가 경비를 부담하는 출장은 언제나 기분이 좋다. 그 초청자가 외국 정부인 경우에는 더 그렇다. 물론 초청자 경비 부담 출장이라도 이쪽이 바이어로서 로비 대상인 경우에는 전혀 다르지만.

여하튼 국방과학연구소에서도 이러한 외국 전문가 초청을 잘 활용하면 그 초청 비용 이상의 효과를 얻을 수 있다.

내가 하고 싶었던 일 중 하나는 미국 국방성을 비롯한 정부기관에서 예산을 받아 프로젝트를 수행해보는 것이었다. 그래서 국방과학연구소 연구원이 미국 국방성 프로젝트에 제안서를 제출할 수 있을까 고려해보았다. 하지만 그것은 제도적으로 곤란했다. 핵심 기술 유출 문제가 없다는 조건에서, 국방과학기술 분야에서도 국제간에 제안서를 주고받는 것을 허용할 수 있지 않을까 생각해보기도 했다. 여하튼 후진국을 포함하여 외국과의 연구개발 교류는 장려해야 한다.

선진화하는 유도무기

정밀 유도무기 개발에는 각종 위험과 어려움이 뒤따른다.
국방과학연구소 연구원들, 목숨을 걸고 핵심 기술 연구에 도전해왔다.

선진국은 한국의 기술 발전을 주목하고 있다

언덕 위에 멋진 집을 지으려면 길을 내고 전기를 가설하고 지하수를 파는 등 선행 작업과 많은 부대시설 공사가 필요하다. 비용 면에서도 통상 배보다 배꼽이 더 커진다.

꽃과 같이 아름다운 첨단 핵심 기술의 연구개발도 이와 비슷하다. 대부분 백지상태에서 출발하여 모든 것을 스스로 개척해나가야 한다. 때로는 핵심 기술의 개발 결과에 대한 한두 번의 시험평가를 하기 위해 많은 비용을 들여 시험 계측시설과 장비를 설치하여 몇 번 사용한 뒤, 더 이상 용도가 없으면 폐기하기도 한다. 이러한 경우 시설에 쏟은 비용과 많은 사람들의 열정이 계속 활용되지 않아서 아까운데, 연구개발의 한 속성으로 인정할 수밖에 없다.

첨단 미사일의 필수 기술, 추력조종 뒷부분(왼쪽)에 추력 방향을 조정하는 네 개의 베인(vane)이 있다.

유도무기에서 중요한 기술 중 하나가 추력조종TVC: Thrust Vector Control 기술이다. 과거에는 추력의 방향이 유도무기 몸체 축에 고정되어 한 방향으로만 추진력이 발생하고 날개를 조종하여 유도했는데, 선진 체계에서는 추력의 방향을 조종하여 날개 조종이 되지 않는 초기의 저속 상태에서부터 강력한 유도조종을 하는 것이다. 이러한 기술은 특히 날개 조종이 무용지물인 우주 공간에서는 필수적이다.

추력조종 기술을 개발하기 위해 우리는 수많은 하드웨어와 소프트웨어, 그리고 시험 계측 시설과 장비들을 개발했다. 그리고 다양한 방법의 추력조종 기술을 개발하여 또 하나의 명품 세계 일류 기술을 축적했다.

세계적으로 유도무기 기술의 확산을 통제하고자 하는 미국은 한국이 이러한 첨단 기술을 개발했는지 매년 주시하고 있었다. 미국인들도 이제 조만간 스스로 노력하고 도전하는 한국의 국방과학기술을 평가하고, 대등한 조건에서 교류와 협력 관계를 모색하게 될 것으로 전망된다.

현무 유도탄 실탄 훈련사격

국내에서 미사일을 개발했다는 사실을 잘 믿지 않는 사람들이 아직도 있

현무 유도탄 실탄 훈련사격 (2002) 안흥시험장에서 행해졌으며, 결과는 성공이었다.

으며, 약 30년 전에 개발했다고 하면 더욱 믿지 않는다. 어떤 경우는 유도탄을 가까이서 볼 수 있는 군인들도 저것이 정말 날아갈까 의심하기도 한다. 군인들은 평상시에는 비사격으로 모의 사격훈련을 한다. 스커드와 같은 유도탄을 많이 운용하는 북한은 자주 실탄사격을 하며 한국을 위협하지만, 아직도 한국에서는 10억 원이 넘는 현무 유도탄을 실제로 발사하는 훈련사격을 할 기회가 별로 없다.

훈련사격을 위해 국방과학연구소는 현무 유도탄을 생산 보급할 때, 그러한 훈련사격용 탄을 별도로 보급했었다. 실탄 훈련사격을 하려면 먼저 안전한 사격시험장이 필요하다. 여기서 폭발하는 활성 탄두 대신에 비활성 탄두와 원격측정장치 등을 장착한 유도탄을 사격하여 비행 중인 유도탄을 감시하면서 필요시 비상 폭파 조치를 한다. 이러한 사유로 군의 훈련사격에는 국방과학연구소의 기술지원이 필요했다.

그리하여 나는 2002년 8월 군부대 요원들과 함께 안흥시험장에서 현무부대 창설 이후 처음으로 현무 유도탄 실탄 훈련사격을 했다. 국방과학연구소의 지원하에 군인들이 직접사격한 결과 국방과학연구소가 개발할 때 시험한 것과 같이 장거리 표적에 명중했다. 오랜만에 실시한 실탄사격이었는데, 현무가 종이호랑이가 아님을 모두가 목격했다.

결과적으로 성공적 훈련사격으로 모든 군인들의 사기가 충천했지만, 처음에는 그들 대부분이 소극적이었다. 그 이유는 여러 면에서 위험도가 있는 실탄 훈련사격은 잘해야 본전이라는 생각 때문이었다.

신뢰와 도전이 주는 기적, 유도무기의 전환점

2007년 늦가을 우리는 중요한 기술시험을 준비하고 있었다. 그 기술시험은 선진국에서 수출을 통제하는 핵심 부품을 국산화한 것의 첫 시험도 겸하고 있었다. 이 중요한 기술시험에서 신뢰성이 완전히 입증되지 않은 그 국산 핵심 부품을 사용할 것인지 아닌지를 두고 연구원들 간에 논쟁이 벌어졌다. 나도 많은 고민을 한 끝에 사용하기로 결심을 했다. 사실 그 핵심 부품은 매우 도전적인 연구소의 연구원과 역시 드물게 도전적인 한 방산 업체의 합작품이었다. 나는 그들을 믿고 싶었다.

중요한 기술시험이어서 그런지 시험 계측장비가 고장 나기도 했지만, 모든 것을 극복하고 기술시험에 마침내 성공했다. 나는 여러 사람들에게 우리 유도무기에서 새로운 전환점을 기록했다고 말했지만 대부분의 사람들은 그 의미를 알지 못했다. 또 어떤 사람은 너무나 달라진 성능을 보고 믿으려고 하지 않았다. 내가 책임을 맡은 뒤 첫 시험에 성공한 기쁜 마음에 나는 다음과 같이 혼잣말을 했다.

유용원의 군사세계(bemil) 회원들이 2005년에 기증한 기념비(ADD 국방과학관 앞) 연구원들을 격려하는 비문이 적혀 있다.

국민들은 우리를 믿고 있고, 나는 우리 연구원들을 믿었다!
우리는 국민들의 기대에 보답했다.
우리를 주시한 사람들이 달라진 성능을 확인했다.
우리는 오늘 자주국방의 초석, 모퉁이 돌 하나를 또 올려놓았다!
너무 감사!

유도무기가 사람 잡겠네

로마가 하루아침에 건설된 것이 아니듯, 명품이 어느 날 갑자기 나타날 수는 없다. 우리는 명품을 위한 핵심 기술을 개발하기 위해 한발 한발 나아갔다. 과거에는 유도무기를 개발한다고 했는데, 이제는 정밀유도무기를 거쳐 고도 정밀유도무기를 개발한다고 하며, 나아가 사람의 개입이 거의 없는 스마트한 완전 자율 정밀유도무기를 개발한다고 할 것이다.

비용 대 효과 면에서는 멍텅구리탄과 스마트탄이 모두 필요하겠지만, 기술적으로 도전적인 것은 역시 스마트탄이다. 옛날에 참새구이를 먹다 보면 총알이 여러 개 씹혀 맛을 방해했다. 총알이 여러 개 박힌 이유는 한 마리의 참새를 잡기 위해 작은 총알이 100개씩 들어 있는 산탄을 쏠 수밖에 없었기 때문이다. 지금도 산탄이 효과가 있고 큰 문제가 없어 그대로 쓰인다. 그러나 비용 상승 없이 작은 총알 하나로 참새를 잡을 수 있다면 그러한 개량형이 유행할 것이며, 맛에 방해받지 않고 참새구이를 먹을 수

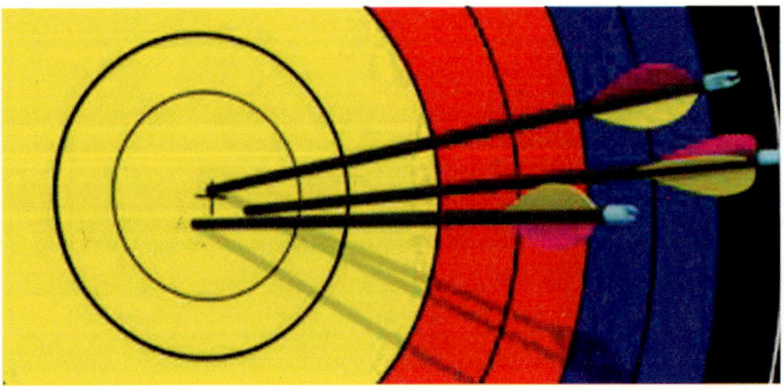

목표물에 명중한 화살 퍼펙트를 기록하는 고도정밀유도무기 개발이 눈앞으로 다가오고 있다.

있을 것이다.

의료 기술에서는 암세포만 선별하여 파괴하는 항암 치료술이 개발되고 있다. 요즈음 정밀유도무기의 성능도 이와 비슷하다. 문화인의 전쟁에서는 상대방의 문화재와 같은 불필요한 파괴를 피하고 군사 목표물만 골라 타격한다. 이러한 고도 정밀유도무기에 소요되는 핵심 기술을 개발하기 위해 우리는 한발 한발 나아갔다.

1978년에 공개적으로 등장했던 백곰 이후 유도무기의 성장에 가장 기뻐할 사람이 누구일까? 많은 사람들이 있겠지만, 그 사람들 중에 틀림없이 박정희 전 대통령이 그칠 줄 모르는 박수를 보내고 있을 것 같다.

목숨도 바쳐야 하는 연구개발

어느 저녁, 긴급한 전화를 받아보니 관련 방산업체 실험실 폭발 사고에 관한 보고였다. 연구소 나의 부서 요원들과 업체 요원들이 함께 시험을 하다가 폭발하여 사람이 다치고 실험실 기물이 망가진 사고였다. 화약 폭발 사고가 아니어서 다행히 인명 손상은 없었지만, 부상자가 입원을 하는 큰 사고였다. 나는 병원으로 문병을 다녀오는 한편, 원인을 분석하고 대책을 수립했다.

안전사고를 당하면 연구원들은 정신적인 충격을 겪고 해당 분야 업무를 기피할 수 있으므로 작업 환경을 개선하고 필요한 경우에는 담당 업무를 변경해주어야 한다. 안전과 신뢰성 관점의 설계 개념 소홀 또는 제작 과정에서의 품질관리 미흡, 작업자의 잠깐의 실수 또는 임의 변경 등의 원인을 걸러낼 수 있는 수단이 갖추어져 있지 않으면 언제나 사고를 일으키고, 최종 제품의 시험평가에서 실패를 유발한다. 나는 몇 차례 회의를 한 결과, 원인을 확인하기 위한 재현 실험을 계획하는 동시에, 근본적으로 설계 개념을 변경한다는 대책을 수립했다.

원인 확인 재현 실험에서는 우리의 분석 원인이 입증되었고, 최악의 경우를 상정한 안전시험에서도 문제점이 없다는 것을 확인함으로써 한 사건을 마무리 지었다.

불행 중 다행

한편 2005년 어느 날 창원 출장에서 나는 불운과 행운을 함께 만났다. 네 사람이 한 팀이 되어 중량물들을 정리하던 중 쌓아둔 중량물이 넘어지는 사고가 난 것이다.

한 사람이 중량물에 깔리게 되는 찰나, 나는 온 힘을 다해 넘어오는 중량물을 막았지만 끝까지 버틸 수는 없었다. 결국 한 사람이 중량물에 깔리고 말았다. 순간적인 사고였다. 즉시 옆의 두 사람이 가담하여 간신히 깔린 사람을 밖으로 빼낼 수 있었다. 깔린 사람은 인사불성으로 실신 상태였다. 나는 그 사람이 피를 흘리지는 않지만 죽지나 않을까 겁이 더럭 났다. 중량물에 깔려 갈비뼈가 부러지고 내장이 파열되었을 것 같았다. 일각이 여삼추 같은 시간을 보내며 구급차를 불러 병원으로 이송시켰다.

그제야 나는 팔이 말을 듣지 않는다는 것을 느꼈다. 택시를 잡아타고 병원 응급실로 혼자 갔다. 나는 팔이 아픈 줄도 모르고, 오로지 중량물에 깔렸던 사람이 살아나게 해달라고 기도를 드렸다. 응급실에서 깁스를 하고 다시 돌아와서 그 사람이 깨어났고 크게 다치지는 않았다는 소식을 듣고는 다시 한 번 감사의 기도를 드렸다.

중량물이 넘어질 때 나는 무리한 초인적인 힘을 내어 팔을 다쳤지만, 그래도 그것이 완충 작용을 해서 그가 크게 다치지 않고 살아난 것 같았다. 역시 위험물을 취급할 때에는 모든 경우를 상정하여 충분히 안전하게 작업해야 한다는 교훈을 또 배웠던 것이다. 나는 그다음 주에 팔에 깁스를 한 채 해외 출장을 가야 했지만, 조금도 불평 없이 다녀왔다.

한 가지 유감은 보험 처리였다. 온몸을 바친 연구개발 과정에서 발생한 사고에 대해서는 이것저것 따지지 말고 산재보험 처리를 신속히 해주면 좋겠다. 나는 과거에도 몇 차례 그랬지만, 이때에도 보험 처리가 워낙 까다로워 자비로 치료를 받았다.

대한민국 기술 자존심

그해 나의 연구개발팀은 또다시 지대지 유도무기의 도전적인 핵심 기술 입증시험을 성공적으로 마쳤다. 도전적인 기술개발시험을 할 때에는 정말 흥분된다. 과거 나는 시험을 할 때 너무 초조한 나머지 줄담배를 피워댔다. 도전하는 기술이 어려우면 어려울수록 그것을 시험할 때 많은 사람들이 숨소리도 내지 않고 긴장한다. 이번 시험에 참여한 연구원들도 가슴 졸이며 시험을 지켜보다가, 설계 해석하고 예측한 그대로 결과가 나타나자 너무들 기뻐했다. 지휘자도 없었지만 많은 사람들의 기쁨의 탄성이 순간적으로 일시에 터져나왔다. 너무 기쁜 나머지 나는 연구원들에게 다음과 같은 메시지를 보냈다.

> 여러분, 축하드립니다!
>
> 지난 약 2년 동안의 여러분의 고민과 수고 결과로 큰 성공을 일구어냈습니다.
>
> 이번 시험은 작고 짧은 것이었지만 기술적으로는 매우 도전적인 것으로, 대한민국 유도무기 개발에서 새로운 전환점을 기록했습니다.
>
> 여러분의 기술이 한 단계 점프했음을 입증했으며, 이 분야에서 '세계 일류 연구소'에 바짝 다가섰습니다. 이 시험 성공을 바탕으로 앞으로는 '세계 일류'의 실체를 보여주도록 정진합시다.

그래서 우리의 실력과 부단한 노력, 그리고 서로를 배려해주는 사랑으로 아름다운 연구소를 만들어 우리를 사랑하는 국민들께 보답합시다.

수고해주신 모든 분들께 감사드리며,

대한민국의 기술 자존심을 세운 개발팀과 시험팀 만세!

5부

우리도 선진국으로 가야지

세계사의 기적, 대한민국 초특급 성장! 다음 단계는 일류 연구소로 격을 높이고 선진국으로 가야지.

선진국으로 가는 길목에서

깨끗하고 아름다운 환경, 우리의 격을 높인다.
선진국으로 진입하기 위해서는 그들이 가진 원형질을 알아야 한다.

필리핀 마닐라의 대기오염

2005년 휴가를 이용하여 필리핀을 여행했다. 과거에는 한국보다 더 부유한 필리핀이었는데, 마닐라 공항을 보니 작고 오래되어 첫인상에도 후진국 티가 났다. 그리고 미국 화이트샌즈 시험장의 필리핀 출신 이발사가 한국 사람은 체격도 크고 잘생겼다고 하던 말이 떠올랐다.

항구 도시 마닐라의 호텔에 짐을 풀고 관광을 했다. 호텔 주변 산책로를 다닐 때 매연 때문에 해변임에도 불구하고 상쾌함을 느낄 수 없었다. 매연의 주범은 미니버스 크기의 지프니jeepny였다. 섬나라여서 선박이 많고, 매연이 심한 중고 선박 엔진을 지프니에 사용하다 보니 시내의 대기가 매우 탁한 것이었다.

그러나 필리핀은 매우 아름답고 관광 시설이 잘 갖추어져 있어 여름휴가를 즐겁게 보냈다.

한국에 오는 외국인들이 최근에 하는 말 중 하나는 차량이 굉장히 많은데 시내 공기가 의외로 깨끗하다는 것이다. 사실 한국도 1970년대 초에 서울의 남산에 올라 둘러보면 검은 매연이 덮고 있어 다시 시내로 들어가기가 겁이 났었다. 그리고 김포공항에서 비행기를 타고 서울 시내를 내려다보면 영등포 주변의 수많은 굴뚝에서 솟아오르는 연기가 자욱했었다. 당시 서울에서 시내를 돌아다니면 조금 과장하여 흰 셔츠가 까만 셔츠로 변할 정도였다.

마닐라에 머물면서 서울의 대기 변화를 생각했다. 대기오염은 기술과 경제의 발전 수준을 나타내는 하나의 척도였다.

환경과 기술이 선진국의 지표

선진국의 대기는 대부분 맑다. 선진국을 규정하는 지표는 수없이 많겠지만, 선진국에는 자연환경이 잘 보존되어 있고 질서가 있다. 그로 인해 아

ADD의 가을 풍경 멋진 조경과 훌륭한 시설관리로 어느 연구원을 '선진국 신랑'으로 불릴 만큼 격을 높여주었다.

름다움과 평화를 느끼고, 그곳에 살고 싶은 생각이 들게 된다. 그 나라에 살고 싶다는 관점에서 한국이 아직 선진국이 되지는 못한 것 같지만, 과거보다 공기는 제법 맑아졌다.

대전의 국방과학연구소는 한때 벽지 수당을 주는 근무지였다. 말 그대로 벽지여서 대기가 매우 맑다. 그리고 시설 관리와 조경을 잘해서 방문하는 사람들이 모두 선진국의 연구소처럼 보인다고 말한다. 연구소의 어떤 젊은 총각은 주말에 여자 친구와 함께 연구소에 왔다가, 그 여자 친구가 연구소의 선진 환경 분위기에 반해 그대로 결혼에 골인했다는 이야기도 있다. 선진 환경은 어떤 경우든 일을 성사시키는 데 매우 중요하다.

한편 맑은 대기는 환경 정책에 좌우되지만, 자동차 매연에서 보듯이 다분히 기술에 의존한다. 선진국들은 매연의 기준치를 초과하는 자동차는 자기네 시장에 아예 들어오지 못하게 한다. 관세장벽과 비슷한 기술장벽을 치는 셈이다.

이러한 기술장벽은 국방과학기술과 무기 체계를 거래하는 무역 시장에도 있다. 그래서 국방과학기술에서도 선진국이 되려면 친환경 녹색 기술을 개발할 필요가 있다. 일례로, 과거에 이스라엘은 레바논에 있는 적을

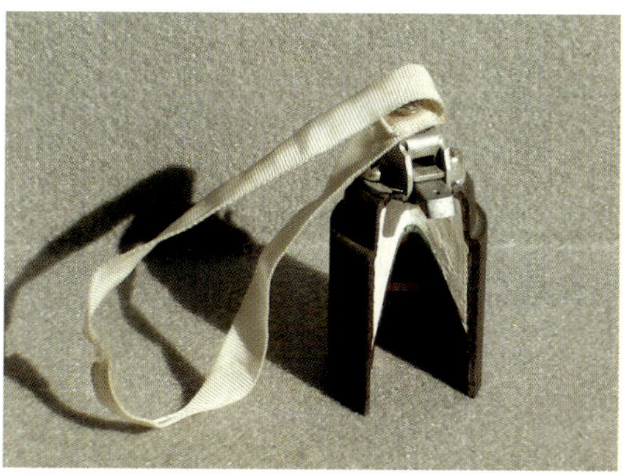

선진 기술을 요구하는 DPICM 자탄 현재 기술 수준으로 이 자탄의 불발률은 약 5%이며, 여러 나라들이 불발률 1%의 기술을 개발 중이다.

향해 자탄이 고공에서 분산되어 지면에 닿아 폭발하는 집속탄 종류의 이중목적분산자탄DPICM: Dual Purpose Improved Conventional Munition을 많이 사용했다. 그런데 그 자탄들의 수십 퍼센트는 불발 상태로 있다가, 나중에 느닷없이 폭발하여 수많은 민간인을 살상했다. 이로 인해 국제사회가 여러 차례 회의를 하고 현재는 대부분의 국가들이 집속탄을 규제하는 협약에 서명했다. 이제는 그렇게 자탄을 분산하는 집속탄은 폐기하기로 했으며, 자탄의 불발률이 1% 이내라는 증명서가 있어야만 국제간에 집속탄 관련 부품 교역이 가능하게 되었다. 한반도에서는 아직도 많이 쓰이고 있지만, 대인지뢰의 사용이 금지된 것과 비슷한 사례라고 할 수 있다.

여기서 문제는 적정한 생산 단가로 자탄의 불발률을 1% 이내로 개선할 기술이 있는 국가만이 집속탄을 보유할 수 있다는 점이다. 어떤 분야든 기술이 부족한 나라는 선진국이 될 수 없고, 스스로 국가 방위도 할 수 없게 되었다.

일류 연구소를 향하여

개인기 만점의 연주가들로 구성된 오케스트라라고 해서 명연주를 할 수 있는 건 아니다.
다양한 파트의 연주자들이 조화를 이루어야 명연주가 나온다.

시험평가에서 필요한 국제화 마인드

2007년 6월 나는 방위사업청이 주관하는 시험평가 세미나에서 「무기 체계 시험평가에서의 국제화 전략Globalization Strategy in the Weapon System Test & Evaluation」이라는 논문을 발표하며 미국 화이트샌즈 시험장을 소개했다. 이 발표에서 나는, "시험평가는 방위산업 시장에서 소비자에게 다가가는 상품의 쇼윈도 기능을 한다"고 주장하며, 국제 공동개발 증가 등으로 변화하는 환경에서 시험평가 전략을 수립할 때 국제화 마인드가 필요함을 강조했다.

한국의 지형과 기후는 확실히 특이하다. 미국과 유럽의 지형과 시험장 환경은 대부분 평지이다. 그러한 환경에서 시험평가된 무기 체계가 한국에 적합하지 않을 수 있고, 한국에서 시험평가된 무기 체계가 다른 나라에는 적합하지 않을 수 있다. 한국에 파견되는 미군을 위한 보병 훈련장은 미국 노스캐롤라이나 주에 있다. 산이 많은 지형과 기후가 한국과 비슷하다.

국제화를 위해서는 내 주장만 하지 말고, 먼저 상대방이 나와 다르다는 것을 인정하고 존중하면서 그들의 요구 조건에 주목해야 한다.

술도 골프도 못 하는 관리자

2007년 7월에 나는 국방부의 손님과 안흥시험장을 방문했다. 이때 그동안 끌어왔던 국방과학연구소의 조직 개편이 발표되었다. 안흥 출장에서 대전으로 복귀하던 나에게는 대지체계단을 맡으라는 명령이 전달되었다. 나로서는 뜻밖의 인사 명령이었다. 마음속으로 연구소 재직 기간 중 마지막 봉사를 하겠다는 결심을 하면서, 내가 개선하고자 한 것 중 하나는 부서 간 갈등의 축소였다. 대지체계단은 국방과학연구소에서 유도무기 체계와 관련된 핵심 기술을 연구개발하는 중심 부서 중 하나로 그 책임이 매우 무거웠다. 어려운 직책이지만 주변 연구원들의 적극적인 지원과 오랜 연구소 생활로 맺어진 인맥을 바탕으로, 대한민국 자주국방의 미래를 계획하며 중요한 부품과 기술의 개발 시험을 준비했다.

나의 걱정은 대부분의 관리자들이 장기로 삼는 골프와 술을 못한다는 것이었다. 하루는 유관 부대의 사령관이 골프 모임에 초청을 했는데, 저녁 식사에만 참석하겠다고 양해를 얻고는 먹지도 못하는 술을 한 병 사들고 골프장 식당에서 가진 저녁 회식에 다녀왔다.

여하튼 나는 골프장을 나오면서, 선진국에서는 술을 못 먹는 관리자를 환영하지 않을까 하는 생각도 해보았다.

사교술도 실력

나는 대지체계단장 직책을 맡은 뒤로는 능력이 부족해서인지 사실 골프를 치거나 휴가 갈 시간을 낼 수 없었다. 왜 그렇게 회의와 부수 업무가 많고 지시 사항이나 처리해야 할 일들이 쌓이는지 하루 24시간으로는 늘 시간이 부족했다. 한편으로는 기술적으로 파악하여 고민하고 결심해야 할 사항들도 수없이 산적했다.

이런 환경에서 주말에 골프를 치러 간다는 것은 주말에 어떤 업무를 처리하는 것보다 사교가 더 중요하다는 상황으로 보아야 할 것이다. 어쨌든 주말에 골프를 치면 그 어떤 업무는 결국 미결로 남을 수밖에 없게 되니, 나는 골프를 배우지 않은 것을 오히려 다행으로 생각했다.

나는 또 술을 전혀 못해서 손님들과 2차, 3차를 가는 일이 없었는데(1차는 과거 술 먹던 실력으로 물 소주잔을 들고 늘 참석했지만), 이것도 나에게는 직책을 수행하는 데에 천만다행으로 도움이 되었다. 한국의 사회에서는 연구소조차도 많은 사람들이 과도한 음주로 건강을 잃고 있다. 그리고 이렇게 술 마시고 사교를 하기 위해서는 많은 돈이 필요한데, 그것을 조달하는 것도 쉽지 않다. 여하튼 나는 골프와 술 없이 내외의 인사들과 의사소통을 하고 사교를 했다.

업무를 추진하는 데 과도할 정도로 사교가 필요한 한국 사회가 선진국으로 가기 위해서는 모든 사람들의 의식 변화가 필요하다.

청백리

국방과학연구소는 2006년도에 청렴도 기관 평가에서 일등을 했다. 당연히 일등을 해야 하는 기관이다. 그런데 유감스럽게도 연말에 부정행위가 한 건 적발되어 옥에 티가 되었다. 옥에 티가 생기지 않도록 하려면 주기적으로 교육을 해야 한다. 국방과학연구소는 사람의 생명을 좌우하는 무기를 대상으로 하고, 국가의 존망을 보장해야 하는 기관이다. 이런 곳이 부패하면 기술이 아무리 뛰어나도 소용없다.

그런데 사람이 모여서 일을 하려면 활동비가 필요하다. 언제부터인가 이러한 활동비를 인정하여 연구소에서 법인 카드를 발급해주고 있다. 선진국으로 가기 위해 정말 잘한 조치이다. 활동비를 얼마만큼 인정할 것인가 하는 기준에는 다양한 활동 환경 때문에 일률적인 해답을 찾기 어렵다. 다만, 활동비를 최소화하기 위해 모든 사람의 의식 변화가 필요하고, 일반적인 가이드라인을 정하여 주기적으로 홍보할 필요가 있다.

공금과 세금을 사용하는 사람들은 바보가 되어야 한다. 1조 원의 예산을 집행하면서도 만 원짜리 지폐 한 장 자기 주머니에 챙기지 못하는 투명한 바보가 되어야 한다. 국가에서는 중요한 일을 하는 연구원들을 가난하지 않은 청백리로 만들어 주어야 할 것이다.

방산업체도 당연히 청렴해야 되는데, 업체 내부적인 청렴 기준이 있겠지만, 외부적으로는 최대한 이익을 목표로 하되 원가를 절감하여 가격 경쟁력을 만들어내고 '상도의'를, 그리고 '게임의 룰'을 지켜야 할 것이다. 실력과 공정한 심판으로 경쟁하는 스포츠가 정말 선진국의 아름다움을 보여준다.

신뢰와 신용

무기 체계는 하드웨어와 소프트웨어 모두 신뢰성이 매우 중요하다. 방산제품은 특히 전쟁이라는 특수한 모든 상황에서, 그리고 10년, 20년이 지나도 신뢰성 있게 작동해야 한다. 그래야만 사용자가 안전하고 전쟁에서 승리할 수 있기 때문이다.

이렇게 신뢰성 있는 무기 체계는 믿음직스러워 사용자인 군인들을 안심시킨다. 그렇지 못해서 종종 사고를 일으켜 다치게 하거나 작동을 하지 않으면 사용을 기피하게 되고, 결국은 버림받아 고물로 방치된다.

무기 체계의 신뢰성은 사람의 경우와 달라서 수리 또는 개선하는 작업을 통해 그 회복 여부가 확정된다. 그런데 사람의 신뢰와 신용은 항상 회복 가능성을 갖고 있으며, 또 상대방에 따라서 가변성을 띠고 있다.

생산성을 높이고 즐거운 직장을 만들려면 상호 간 신뢰가 필요하다. 나는 연구소가 발전하는 데 있어서 이것이 중요한 문제라고 인식했다. 외부에서 'ADD 연구원들은 모래알 같은 사람들'이라고 평하는 것을 들은 적이 있다. 한 부서 내에서도 서로 반목하고 감정적인 발언으로 계획이나 설계에서 오류 주장을 하며 관리자의 올바른 결심을 방해하기도 하는 것들이 외부인들에게 그렇게 보이기도 했을 것이다.

한국이 선진국으로 점프하기 위해서는 정치, 외교, 경제, 사회 등 모든 면에서 신뢰와 신용 점수가 먼저 점프해야 할 것이다.

업무 성과나 생산성은 내부 갈등과 반비례

1970년대에는 연구소가 확대 팽창하는 시기여서 내부 갈등 요소가 별로 없었다. 1982년의 대규모 해고 사태 즈음부터 연구소 내부의 갈등이 증폭되었고, 국방과학연구소에 대해 거의 모든 외부 기관이 부정적인 견해를 보였다. 이에 대해 연구소가 일치단결하여 적극적으로 대응하는 모습을 보이지 못하여 시간이 흐를수록 외부에서 더 많은 부정적인 견해가 나오고, 연구소 내부에는 눈에 보이지 않는 반목이 생겨났다.

내부 갈등이 없는 조직은 없지만, 분명한 것은 이것을 최소화해야 한다. 작은 조직이라도 내부 갈등이 심해서 업무가 제대로 돌아가지 않는 경우가 많다. 그 원인을 살펴보면 개인들의 욕심, 주도권 다툼, 부서장의 불공정한 관리 등이다. 연구소 부서별 내부 갈등 순위를 매길 수 있을 텐데, 업무 성과나 생산성은 그 순서와 반비례할 것이다.

그래서 나는 그동안 쌓여온 부서 간의 갈등을 최소화하고 공감대를 형성하는 것을 최대의 목표로 하여 관리했다.

강력한 리더십과 신념 사이

한편 나는 기본적으로 나의 연구원들을 믿고 그들의 자발적이고 창의적인 연구 활동을 기다렸다.

나는 성장 과정에서 부모로부터 공부하라는 말을 들어본 적이 한 번도 없었고 자식에게도 마찬가지였다. 연구소에 들어와서도 스스로 업무를 찾아서 연구해왔다. 소에게 물을 먹일 때 물가로 인도하는 일 외에는 불필요하다. 소에게 억지로 물을 먹이는 것은 무의미하다. 그런데 일부 연구원들은 업무 지시를 받지 않으면 무엇을 어떻게 해야 할지 몰라 허둥대는 경우도 보였다.

여하튼 나의 신념은, 멀리 볼 때 자율적인 행동이 지시에 따른 행동보다 훨씬 더 훌륭한 성과를 낸다는 것이었다. 불행히도 이러한 나의 신념에 대하여 어떤 연구원들은 강력한 리더십이 없고 무능하다고 평가했지만, 나의 신념을 바꿀 수는 없었다.

뜨는 연예인 뒤에는 실력 있는 코디네이터가 있다

방송에서 잘 나가는 연예인의 뒤에는 실력 있는 매니저와 코디네이터coordinator가 있다고 한다. 이것은 연구개발에서도 마찬가지이다.

많은 사람들이 팀워크를 이루면서 복합 체계system of systems 연구개발을 해야 할 때에는 업무 수행 협조 시스템을 잘 정립하는 것이 매우 중요하다. 그리고 모든 연구원들이 이 업무 수행 시스템을 이해하고 그 절차를 따를 때 생산성 제고와 동시에 혼동과 누락이 방지되고 좋은 설계와 품질관리가 이루어져 시험평가에 합격할 수 있다.

실력이 모자라 시험평가에서 실패하는 것은 어쩔 수 없지만 업무 조정·종합을 하는 코디네이터의 역할이 부족하여 실패를 할 때에는 어이없고 너무나 아쉬웠다. 나로호-KSLV(Korea Space Launch Vehicle)와 같이 큰 시험을 가정하면 잃어버리는 시간은 차치하고 비용만도 어마어마한 손실을 가져올 수 있다.

각 연구원들이 자발적으로 세부 분야의 연구개발 테마를 찾아 열심히 연구하여 세계 일류의 성과를 내는 것이 첫째이지만, 이러한 성과들이 제 효과를 발휘하기 위해서는 구체적인 세부 연구 이전에 수행했던 기획·계획과 연구개발 과정에서의 코디네이션이 매우 중요하다. 그러고 보면 코디네이터 역할을 잘하는 것도 또 하나의 중요한 실력으로 평가해야 할 것이다. '구슬이 서 말이라도 꿰어야 보배'라는 속담과 같이, 업무 수행 시스템을 잘 개발하고 정립하는 것이 바로 선진국으로 가는 하나의 관문이다.

그래서 나는 연구개발 관리 업무의 전체를 각 전문 분야로 나누고 분야별로 코디네이터를 임명하여 운영했다. 그리고 분야별 환경에 적합한 '코디네이터 역할과 분할 과제와의 업무 수행 절차'라는 매뉴얼을 만들어 모든 연구원들에게 배포했다.

관행을 깬 연구 책임자 임명

브레인스토밍은 어떤 어려운 문제점에 대한 해결책을 찾는 아주 좋은 창의적인 문제 해결 기법이다.

연구소 소장은 이 방법을 매우 선호하여 큰 이슈에 대하여는 연구소 차원의 브레인스토밍 토론회를 자주 개최했다. 나도 부서원들에게 적극적으로 토론회 참여를 권장했다. 첫 번째 브레인스토밍 토론회에서는 나의 부서 신참 연구원이 제안한 유도무기 아이디어가 채택되어 선행 핵심연구과제가 되었다. 그런데 소장에 의해 파격적이고 획기적인 조치가 이루어졌다. 선행 핵심연구과제의 책임자로 서열을 파괴하고 아이디어를 제안한 나의 부서 신참 연구원을 임명한 것이다. 이것은 매우 혁신적인 사건으로, 연구소의 인사 규정까지 바꾸어야 했다. 그 신참 연구원은 서열이 맨 꼴찌인 새내기였다. 내가 보기에도 경험은 적지만 잠재 능력을 충분히 갖춘 연구원이었다.

결국 신참 연구원이 과제 책임자 역할을 해내는 데 있어 연구에 참여할 여러 부서의 선배들이 얼마나 협조를 할 것인지가 문제였다. 그래서 나는 선배 연구원들의 협조를 유도하며 신참 연구원의 후견인 역할을 기꺼이 수행했다. 다행히 모든 연구원들이 새까만 후배인 과제 책임자를 중심으로 큰 문제 없이 활발하게 연구하여 성과를 내고, 후속 연구개발과제로 발전했다.

방산업체와의 갈등

방산업체와 연구소는 연구개발에서 한 팀이기도 하지만 갈등이 상존하는 구조이다. 대부분의 대기업과 협력업체 간의 관계가 수직 관계라고 하면 한국의 방산업체와 연구소는 완전한 수평 관계라고 할 수 있겠다.

모두가 그런 것은 아니지만 어떤 방산업체는 돈만 챙기고, 성과와 품질에 대해 책임을 지려고 하지 않는다. 연구소에서 문제를 제기해도 때로는

지체상금의 처벌도 별로 두려워하지 않는다. 그들은 최종적으로 문제가 생길 경우 손쉬운 해결 방법을 알고 있기 때문이다.

이러한 갈등을 안고서 사업을 추진하기란 정말 어렵다. 그들은 특히 '계약'에 대한 개념이 분명하지 않은 것 같다. 선진국과 후진국의 차이점 중 하나는 신용이며, 후진국일수록 약속과 계약을 잘 지키지 않는다. 이를 해결하려면 계약을 엄격하게 집행하고, 발주자는 시제업체나 생산업체가 계약을 위반할 경우 언제든지 경쟁업체로 바꿀 수 있어야 한다. 즉, 경쟁만이 해결책인데, 이것은 원가절감 · 저가화를 달성하기 위해서도 필요하다. 이렇게 하기 위해서는 평상시 의도적으로 경쟁업체를 발굴하고, 가능하다면 의무적으로 복수업체와 시제 계약을 하도록 해야 한다.

시설 공사에서도 연구원은 어려움을 겪는다. 건설업체는 거의 예외 없이 추가 예산을 요구하기 때문이다. 그 배경에는 설계 변경 등 연구소 측의 사유도 있지만, 불가항력적 사유 또는 연구소 측을 위한 것이라고 둘러대며 추가 예산을 요구하는 것이 업계의 관행으로 되어 있다. 자발적으로 한 덤핑 입찰 때문에 손해를 본다면, 이를 감수하는 것이 마땅하다. 이런 입찰 관행을 개선하려면 제도적 장치가 필요하다. 예를 들어, 입찰 공고 시 '시설 공사에서 추가 예산을 요구한 업체는 3년 동안 입찰 참여 불가'와 같은 벌칙 조항을 둔다면 나쁜 관행이 개선되지 않을까.

방산업체와의 업무에서 또 다른 문제는 민원 제기이다. 일부 방산업체들은 연구소가 힘이 없다는 것을 잘 안다. 따라서 자기들이 경쟁에서 탈락하거나 불리해지면 여지없이 민원을 제기하고 소송을 걸어 아마추어 같은 연구원들과 전담 변호사를 괴롭힌다. 업체들은 아무리 생사가 걸렸다고 할지라도, 실력으로 경쟁하며 정책적으로 독점 혜택을 받으려는 생각을 버려야 한다. 그래야만 장기적으로 발전하며 선진국의 일류 기업이 될 수 있다.

일부 연구원들은 업무상 업체와 수시로 접촉해야겠지만, 수단과 방법을 가리지 않고 접근하는 업체 요원과 오해받는 일이 생기지 않도록 조신해야 할 것이다. "근묵자흑近墨者黑"이라는 옛말은 현재도 유용하다.

선진국으로 가는 품질관리

목마른 사람이 우물을 파듯이, 미운 시어머니의 한 차례 잔소리에 지나지 않을지라도, 나는 한 식구인 방산업체들을 돌아다니며 품질관리 교육을 하기도 했다.

나는 품질관리의 중요성을 강조하는 1:10:100 법칙을 소개했다. 여기서 1:10:100은 각각 호미:가래:굴삭기에 비유할 수 있다. 신뢰도 높은 품질에 대해 처음부터 뜻을 두면 작은 노력으로 그 목표를 달성할 수 있는데, 별 생각 없이 제품을 만들면 문제가 발생하고 이를 뒤늦게 발견할수록 걷잡을 수 없는 결과를 가져온다는 내용이다.

품질관리는 조기에 발견해야 하는 암과 유사한 특성을 가진다. 높은 신뢰도를 유지하기 위해서는 연구개발자들도 설계 단계부터 나중에 튼실하게 제작하고 쉽게 정비할 수 있도록 설계하는 데 힘써야 한다.

때로는 선진국의 부품에 대한 지나친 신뢰로 인해 품질관리에서 실수가 발생하기도 한다. 선진국 제품에도 종종 불량품이 있으며, 우수 부품이라도 정해진 환경에서만 성능이 유지되므로 사용자가 충분히 확인 검증해야 한다.

방산업체들은 호미로 막을 일을 가래나 굴삭기로 막은 사례를 연구하여 품질관리 교육에 포함시켜야 한다. 그리고 연구소와 방산업체는 품질관리에서도 상호 신뢰하는 관계로 발전해나가야 한다.

가격 경쟁력은 두 배의 개발비로 확보

국방과학 연구개발의 환경도 계속 변화해가고 있는데, 그중의 하나가 가격 경쟁력에 대한 요구이다. 국방과학연구소의 초창기인 1970년대에는 가격도 성능도 첫째가 아니고, 오로지 국산 유도무기의 실현 가능성이 중요했다. 조금 과장한다면 비싸고 신뢰성이 떨어지더라도 목표 지점 근처까지 날아가 주면 만족하는 분위기였다. 수출은 생각조차 할 필요가 없었던 것이다. 군의 요구자 및 운영자, 연구개발 및 설계자, 생산 제작자, 시험 평가자, 품질관리 및 형상 통제자 등 모든 관계자들의 이러한 인식은 세월이 가면서 조금씩 바뀌었고, 2000년대 후반에야 가격 경쟁력이라는 말이 자주 입에 오르내리게 되었다.

그러나 아직도 가격 경쟁력은 말만 오갈 뿐 제도화까지는 이르지 못하고 있다. 오히려 '매출 총액 증대'를 위해 가격을 높이려고 하면서, 원가 절감 노력을 방해하는 관계자도 있는 것이 현실이다.

미국의 경우 이미 1970년대에도 군의 가장 중요한 요구 조건이 목표 가격이었다. 이러한 목표 가격을 달성하기 위해 그들은 선정된 두 경쟁업체와 동시에 계약하여 시제품을 개발하고, 시험평가를 하면서 최종 선정하는 프로세스를 도입했다. 즉, 무기 체계의 획득 절차를 시작할 때 성능 요구 조건과 함께 목표 가격을 제시하고, 연구개발자와 설계자를 포함한 관련자들이 다 같이 고민할 때 가격 경쟁력 확보가 가능해질 것이다.

장기적으로 볼 때, 개발 단계에서 두 배의 개발비를 지불하는 것이 최종적인 획득비를 줄이고 수출 경쟁력도 확보할 수 있는 방안이다. 물론 위험도가 높은 연구개발에서는 거시적인 효과를 고려해서 단순히 단가 비용에 최우선 순위를 둘 수는 없다. 그래도 국민의 세금을 사용하는 공공 연구개발에서 획득 비용의 최소화는 국민으로서의 의무일 것이다.

인력 문제는 언제나 풀리지 않는 숙제

연구소의 인력 소요와 관리 문제는 언제나 풀리지 않는 숙제이다. 나의 부서에서는 업무량 확대 추세와 반대로 인원은 약 10년 동안 내리 줄어들었다. 우리 부서는 오래전부터 업무 효율을 향상시켜 인력 문제를 해결해 오고 있었다. 한 사람이 여러 가지 사업 · 과제와 기능을 병행하는 매트릭스 조직이 그 해결 방안이었다.

그런데 연구원들 입장에서는 쉴 틈도 없이 밀려오는 업무에 지치고, 업무 처리의 완성도가 떨어지는 문제점이 생겼다. 또 조직 관리 관점에서 보면 단기적으로는 효율이 높아지나, 장기적으로는 미래 발전을 위한 준비를 하지 못하고 연구원들의 의욕을 떨어뜨리는 단점이 있다. 이러한 환경에서는 창의적인 아이디어를 낼 여유도 없게 된다. 많은 부서와 연구원들이 벌써부터 이러한 딜레마에 빠져 고민하면서 헤매고 있는 실정이다.

나도 하루 종일 업무에 시달리다 밤늦게 귀가하면 파김치가 되어 아무것도 하기가 싫어 꼼짝도 않고 멍하니 있다가 잠들곤 했다. 나는 직책을 맡기 전에는 매일 아침 30분간 운동을 해왔다. 그러나 직책을 맡은 뒤로는 운동은커녕 화장실 갈 시간조차 부족했다. 그래도 내 건강이 버텨낸 것은 오로지 술과 담배를 끊은 덕분이라고 생각했다. 여하튼 내가 알고 있는 바람직한 리더의 하루와는 거리가 멀었지만, 개선책을 마련하기 어려웠다. 이러한 암울한 현실은 다른 부서장들도 비슷했다.

이러한 여건에서 나는 연구원들이 자포자기하지 않고 개인과 조직의 역량을 개발하도록 유도하기 위해 외부 부서와, 그리고 부서 내부에서 지속적으로 인사 교류를 단행했다. 또 연구소에서 시행하는 각 사업 · 과제별 인력을 공모할 때 희망자는 응모하게 했다. 다행히 소수가 응모했고, 뽑힌 사람은 부서 정원의 10% 범위 내에서 보내주기도 했다.

리더와 우선순위 공유는 의무 사항

모든 사람에게, 또 모든 일에는 우선순위가 있다. 나에게도 우선순위가 있는데 지금은 첫 번째가 글쓰기이다. 벌써부터 글쓰기를 앞세우고 싶었지만 그리할 형편이 못되었다. 첫 번째 우선순위의 일을 할 때 다른 일로 방해받고 싶지 않은 것이다.

생산성을 높이고 배가 산 위로 가지 않도록 하기 위해서는 우선순위에 대한 공감대를 최대한 확보해야 한다. 어떤 조직에서 이 공감대의 최대공약수를 찾으려면 모든 구성원들이 자기의 우선순위를 포기해야 한다. 그 다음에 합리적으로 질서 정연하게 자기의 우선순위를 제안하되, 결국은 리더에게 결정권을 주어야 한다. 그 결정된 우선순위를 존중하여 업무를 수행하는 것이 리더를 잘 보좌하는 길이다.

리더는 늘 외롭다고 한다. 철없이 공부만 하면서 학자금을 어떻게 마련하고 있는지 거들떠보지도 않고 눈치 없이 외국에 배낭여행 갈 돈을 달라는 학생처럼 떼쓰지 말고, 고뇌하는 리더와 공감대의 최대공약수를 만들어가며 리더를 보좌해야 한다.

그리고 리더가 중요하지 않은 일로 정신없이 바쁘지 않도록 해주는 것이 리더를 잘 보좌하는 길이며, 그것이 팀원의 임무이다. 국방과학연구소의 연구원들은 자기 일은 잘하지만 리더 보좌에 서툴다는 평을 자주 들어왔다. 리더를 잘 보좌하는 것은 결코 아첨이 아니며 의무이다.

임기제의 경쟁력

2010년 봄에는 연구소 조직에 과제중심 업무 체계로의 변화가 있었다. 각 부서에는 과거까지의 실장이나 그룹장 대신에 과제 책임자PM: Project Manager가 임명되었다. 연구원들의 소속은 일부 실험실을 제외하고 과제와 사업

단위로 구분되었다.

나는 이러한 조직 변화를 기회로 직책을 사임하고 후임자에게 인계했다. 주변의 사람들이 왜 사임하느냐고 묻기도 했지만, 3년간 직책 수행을 한 시점이 적절한 타이밍이라고 판단했다. 기술적으로 모두가 전문가인 연구소라는 특수한 조직에서 직책은 임기제가 적합하다는 것이 나의 소신이었다. 다만, 연구소에서 보직 임기제가 효과를 발휘하려면, 전임 보직자는 원대 복귀하여 실무 연구를 수행하는 풍토가 정착되어야 한다. 연구소에서는 직무 속성상 서로 인정하고 일할 준비만 잘 갖추면 이러한 제도가 얼마든지 가능하다고 본다.

이런 배경에서 나는 기쁜 마음으로 대지체계단장 직책을 사임하며, 인사 개편에서 젊은 층으로 세대교체를 할 것을 건의했다.

세계사의 주인공 대한민국, KOREA

대한민국, 세계사의 주인공으로 비상해다오.
용감한 후배와 영원한 후손들이여!

금융 위기 극복을 위한 '경제회생지원팀'

2008년에는 미국에서 금융 위기가 발생하여 전 세계를 강타했다. 디플레이션이 우려되자 2009년부터는 각 나라마다 경기 부양 정책을 폈다. 일본은 소비를 촉진하기 위해 국민들에게 현금을 나누어주기도 했다. 대한민국 정부가 취한 방안 중 하나는 연간 계획 예산 중 60% 이상을 전반기에 지출한다는 것이었다. 이러한 지시는 국방과학연구소의 모든 부서 · 사업에도 적용되었다. 결론적으로 불가능할 것 같았던 60% 지출 목표는 초과 달성되었고 한국의 경제 회복에 크게 기여한 것 같다.

이러한 목표를 달성하기 위해 나는 그럴듯하게 '경제회생지원팀'이라는 것을 만들어 운영했었지만 얼마나 스트레스를 받았던가? 상위 기관은 하부 기관에 전반기에 60% 이상 예산을 배정하면 목표를 달성하지만, 하부 기관에서는 밤새워 계획을 짜고 집행을 관리해야 실적을 달성한다. 60% 이상 지출한다는 것은, 60% 이상 실적이 달성된 것을 확인하고 예산을 집행하는 것을 의미한다. 그리고 후반기에는 쉬엄쉬엄 하면서 40%의 실적만 달성하는 왜곡 현상이 벌어진다.

2009년 실시한 예산의 조기 지출 정책이 거시적으로 효과를 거둔 이면에는 부작용도 감지되었다. 예산의 조기 지출에 급급했던 정부 기관에서는 실적의 하자 여부를 전반기에 철저히 추궁하기는 어려웠고, 후반기에 가서 사정하다시피 하여 하자 보수를 받을 수밖에 없게 된 것이다. 그리고 이러한 예산 지출을 독려하는 환경에서는 과거와 같이 예산을 절감하여 반납한다는 것은 상상할 수도 없었다.

여하튼 예산의 조기 지출 효과를 확인한 정부에서는 2010년에도 똑같은 정책을 시행했다. 경제 위기 극복은 아직도 진행형인 국가적 최우선 아젠다이다.

'위성 발사의 해' 2009년

2009년 4월 북한은 위성을 발사한다고 하며 '은하'라고 하는 로켓을 발사했다. 북한은 위성이 지구궤도를 돌며 노래를 송신하고 있다고 발표했지만 그것은 허위 사실이었다. 그들은 위성의 궤도 진입에는 실패했으나 대륙간탄도탄ICBM 개발 능력을 주변국에 과시하는 데는 충분했다.

한편 대한민국에서는 2009년 8월 나로호KSLV-1의 1차 발사를 실시하여 거의 성공했으나, 아쉽게도 위성을 덮고 있는 페어링fairing이 깨끗하게 분리되지 않아 위성의 궤도 진입에 실패하고 말았다.

이렇게 2009년도에 남한과 북한은 각각 세계적으로 10번째 위성 자력 발사 성공 국가로 등장하기를 기도했으나 모두 실패했다. 특히 북한의 위

북한의 은하(대포동) 발사
(2009. 4. 5.)

성 발사는 군사적인 위협을 과시하려 한 것으로 한국과 일본 등 주변 국가에 현실적인 문제로 대두되었다.

핵심 기술 유출을 차단하라

2010년 6월 10일, 한국은 2009년 8월의 1차 발사 실패 후 두 번째로 나로호KSLV-1를 발사했다. 그러나 불행하게도 이번에는 러시아가 제공한 1단 부스터에서 문제가 생겨 실패하면서 세계 10번째 위성 발사국 등록을 미루어야 했다. 우주 발사체를 개발하고 위성을 지구궤도에 올려 신뢰성 있게 작동시킨다는 것이 하루아침에 되는 일이 아님을 또 다시 일깨워준 사건이었다. 그리고 우주 발사체의 선진국인 러시아가 개발한 1단 부스터에는 결함이 있었고 신뢰성이 부족했다.

한편, 한국의 기술을 경계하는 러시아는 1단 부스터의 결함 분석에서 한국 기술진을 배제함으로써 한국이 우주 발사체를 자체적으로 개발하는 것을 견제하고 있는 것이다.

결국 기술은 스스로가 주역이 되어 밤새워 연구하고 수없이 실패하며

한국의 우주 발사체 나로호 2차 발사
(2010. 6. 10.)

체득할 때 자기 소유가 되며, 그런 바탕이 있을 때 필요에 따라 유리한 거래를 할 수 있다. 선진국 어느 누구도 핵심 기술을 값싸게 제삼국에 넘기지 않는다. 그들도 수없는 실패 끝에 확보한 기술인 것이다.

연구소에 기부를

"자주국방의 초석"으로 설립된 국방과학연구소의 지난 40년은 분명 하나의 기적이며, 대한민국 기적의 한 부분을 이루고 있다. 과거에는 국방비 투자를 경제와 과학기술 발전의 장애물로 여기던 시절도 있었다. 하지만 1970년부터 2009년까지 국방과학연구소에 투자된 16조 원의 연구개발비는 자주국방의 효과는 물론이고 경제와 과학기술 발전에도 획기적인 기여를 했다고 분석되었다. 즉, 16조 원의 투자로 187조 원의 경제적 효과와 12만 명의 고용을 창출했던 것이다. 이러한 실적을 달성하는 데 일조를 하며 유도무기와 일생을 같이한 나는 더없이 행복했다.

모두의 목표인 일류 대한민국과 일류 연구소를 달성하는 길은 오직 하나이다. 우리 구성원 모두가 일류의 능력을 개발하고, 이러한 일류 구성원을 엮어줄 수 있는 사랑이 담긴 일류 시스템을 개발하는 것뿐이다. 누군가 한 사람이 일류가 되고 한때 일류가 되는 것으로는 부족하다. 우리 모두가 그리고 지속적으로 일류가 되어야 한다.

국가든 기업이든 경쟁력을 갖추어야 존립할 수 있다. 그 경쟁력은 바로 연구개발 투자와 그 열매에서 나온다. 그리고 투자 후에는 열매가 맺을 때까지 기다려주어야 한다. 대학교와 마찬가지로 연구소도 미래를 위해 기부할 가치가 충분한 기관이다. 연구자에게 기부하는 것은 미래에 대한 가장 확실한 투자이며, 그중에서도 국방과학연구소에 기부하는 것은 후손들과 국가의 안전보장을 위한 보장성 보험이다.

2010년에는 국방과학연구소에 전 재산 100억 원을 기부하신 분이 처음으로 등장했다. "나라를 빼앗기면 개인도 없다"고 강조하시는 그 이름 김용철 옹. 연구개발을 직업으로 하는 연구원들은 도전할 거리가 주어지면 밤을 새워 연구하며, 하나의 도전이 끝나면 좀이 쑤셔 가만히 있지 못하고 또 다른 도전거리를 찾아 헤매는 사냥개와 같은 속성을 지니고 있는 사람들이다. 그들은 호기심으로 가득 찬 아담의 후예들인 것이다. 기부하신 분의 소망을 담아 후손들과 국가의 안전을 보장하기 위하여 밤새우며 매진할 것이다.

국방과학연구소의 현주소와 미래 희망

2010년에 40주년을 지낸 국방과학연구소는 이제 국내와 국외에 자세히는 아니지만 제법 알려져 있다, 한국 국방과학기술의 핵심 정부 연구소라고. 한국 정부와 국회에서도 중요한 국가 자산이라고 말은 하고 있는데, 처우와 투자 면에서는 1970년대와는 달리 지난 30년 동안 평범한 수준이었다. 오히려 연구원들은 총애를 받았던 1970년대로 착각하며 사명감에 불타 그동안 기적을 이루어냈다고 할 수 있다.

우리가 가진 연구개발 능력은 세계 시장에서 기업으로 비유한다면, 제품뿐만 아니고 명품을 만들 수 있는 플랜트와 그 기술을 수출할 수 있는 수준이라고 할 수 있다. 약 2,500명이라는 인력은 기업으로 치면 중간 수준이지만 선진국의 연구소에 비하면 형편없이 작은 규모이다. 이미 기술 수출 실적이 있지만 우리는 국제 시장에서 경쟁력을 갖고 있고, 만일 제한이 없다면 외국의 프로젝트를 수주하며 큰돈을 벌어올 수도 있다.

2010년에 한국의 원자력 기술 연구자들은 400억 달러 수주라는 기적과 같은 연구개발 수확을 안겼다. 이제 한국 에너지의 미래는 밝아 보이며, 자원 빈국의 큰 숙제를 하나 해결할 것으로 기대한다. 한국의 방위산업 분야 총 수출이 연간 10억 달러 수준에 지나지 않지만, 국제 정치 보안의 제한이 없고 국가적 지원이 있다면 국방과학기술 연구자들도 그러한 기적의 수확을 달성할 수 있다고 생각한다.

최근 어떤 국립대학교 총장은 더 큰 발전을 위해 국가 예산 없이 사립대학처럼 운용할 수 있게 해달라고 요구한 바 있는데, 국방과학연구소도 그러한 능력을 갖추었다고 본다. 한국에 사립대학들이 많은 이유 중 하나는 국가에서 투자할 여력이 없기 때문이다. 애국심에 불타는 자본가가 있다면 사립대학처럼, 그리고 미국의 방산업체처럼 사설 연구소를 세우고 유능한 핵심 연구원을 모두 데려갈 수도 있을 것이다.

그러나 한 나라의 천년대계인 국방과학기술 연구개발을 사설 연구소에 전적으로 의존할 수는 없다. 정부는 대한민국의 천년 안전보장을 위해 국방과학연구소를 세계적인 대기업 수준으로 발전시켜, 강대국 틈새에서 고난을 받아온 역사 이래의 숙원을 해결함이 옳지 않겠는가.

기적을 이룬 창업 세대

우리 연구원 각자는 매일매일 퇴근 무렵에 되돌아보자. "내가 오늘 한 일이, 그리고 내일 할 일이 세계 최고의 목표 달성에 기여하고 있는가? 선진국 사람들 이상으로 완벽하게 마무리하고 있는가?" 이렇게 매일매일 일류 연구 업무를 할 때 기적이 지속적으로 일어나서 대한민국이 세계사의 주무대에 처음으로 등장할 수 있을 것이다.

임진왜란 당시 지상전에서 조선군이 패배한 이유 중 하나는 첨단 무기인 총이 없어서였고, 해전에서 조선군이 아주 적은 병력으로 승전한 이유 중의 하나는 첨단 무기인 우수한 함포와 철갑선을 보유했기 때문이다. 60년 전 6·25전쟁의 초전에서 한국군이 패배한 이유 중의 하나도 첨단 무기인 전차가 없어서였다. 즉, 전쟁의 승패를 좌우하는 첨단 무기와 기술을 개발하여 제공하는 것은 우리의 임무이다.

한국의 국방과학기술 발전을 한국의 경제 발전 기적과 비교한다면, 지난 40년 동안의 발전은 한국의 재벌 기업 창업주들이 사업 기반을 닦은 것과 유사하다. 우리는 허허벌판에서 시작했다. 제대로 교육받은 것도 없이 독학으로 밤새워 연구하고, 몸으로 부딪혀 도전하고 실패하며 배우고 개발했다. 우리는 뒤를 돌아볼 겨를도 없이 앞만 보고 내달려왔다.

"민족중흥의 역사적 사명을 띠고"

이제는 700만 한국 교포가 전 세계에 살지 않는 곳이 없다. 한국인의 활동 무대는 끝없이 넓어졌고, 현재의 한국은 역사상 가장 개방적이다. 아쉽게도 북한은 거꾸로 역사상 가장 폐쇄적이다. 기적을 일으킨 한국은 이미 학자들의 연구 분석 대상이 되었다.

이제 한국 기적의 한 축인 국방과학기술 분야에서도 지속적인 기적 반응을 일으키는 것은 우리들의 사명이다. 현대전의 전장은 수중과 우주와 사이버 공간으로 확장되었다. 전후좌우를 살펴보며, 과거·현재와 미래를 통찰하고 좀 더 체계적으로, 조직적으로 큰 구상을 해야 되지 않겠는가?

지난 약 30년 동안 연구소의 연구개발 인력 정원을 묶어 두고 있는 것은 아무리 선택과 집중을 하라고 하지만, 국가 경쟁력의 요체인 연구개발에 대한 철학이 부족하다고 하겠다. 다행히 지난 40년 동안의 기적으로 하늘과 땅만큼이나 벌어져 보이지도 않던 선진국의 국방과학기술이 눈앞에 보이기 시작했다.

대통령으로부터 수많은 군인, 연구원, 학자, 그리고 방산업체 요원들의 열정으로 일궈낸 대한민국의 "자주국방의 초석" 이라는 기적 위에, 국가적 후원을 바탕으로 재도약하여 첨단의 아름다운 꽃을 피우며 선진국을 추월하고 세계사의 주인공으로 등장해다오, 용감한 후배와 영원한 후손들이여!

서기 3000년에도 지구위성 대한민국에 본부를 두고 있는 국방과학연구소가 활발한 연구개발을 하고 있을 것을 기원하면서.

에필로그

"나의 잃어버린 37년"

연구소에서 보낸 일생, 권력과 돈과 명예 무엇 하나 제대로 없었지만 대한민국을 위한 자주국방의 초석에 벽돌 한 장을 보탠 성취감 하나로 행복했다. 그 행복은 나 혼자만의, 연구소 혼자만의 행복이었다.

언제부터인가 연구소에는 홍보실이 생겼고 지금은 성과확산실이라고 불린다. 그러나 연구원들에게는 가족에게조차 홍보라는 것이 없다. 이렇게 세세한 이야기를 할 수 없는 답답한 환경에서 그나마 이 책을 쓰기로 결심했다. 그렇지 않으면 나는 인생을 완전히 잃어버리고, 후대와도 단절될 것 같은 두려움을 느꼈던 것이다. 이런 사정과 느낌은 연구소의 모든 연구원들이 공통적으로 갖는 일종의 우울 증세와 같다.

이 책은 연구소에서 유도무기를 연구개발하는 많은 연구원 중 한 사람의 37년 세월을 잠깐 본 것과 선진화에 대한 나의 의견에 지나지 않는다. 이야기와 관련된 사람들의 실명은 박정희 대통령을 제외하고는 의도적으로 생략했다.

국방과학연구소에는 많은 연구원들이 공기 좋은 산속에서 오늘도 밤을 새우며 정열을 불태우고 있다. 나는 이 책으로 대한민국이 확실하게 선진국으로 갈 수 있다는 희망을 연구원들과 모든 젊은이들에게 심어주고 싶었다.

대한민국의 기적은 각 분야에서 학자들의 연구 대상이 되었다. 식민지의 황폐함과 전쟁터의 잿더미, 그리고 혼미한 정치 환경의 터널을 통과하며 이루어낸 그 기적을 지속적인 것으로 완성할 때, 역사상 유례가 없었던 대한민국의 세계사 무대 등장을 보게 될 것이다.

잃어버리지 않으려고 많은 세월을 담고자 했지만 시간과 보안 등으로 역시 제한될 수밖에 없었다. 로마가 하루아침에 이루어진 것이 아닌 것처럼, 기적을 이루어내는 데도 세월이 필요하다. 그리고 기적의 성공 요인에 대한 연구 분석이 기적의 연쇄반응을 일으키기 위해 필요하다.

언젠가 옛날에 다녔던 초등학교를 돌아서 고향 집까지 가본 적이 있다. 어릴 적 하굣길에 친구들과 땅바닥에 주저앉아 놀기도 하고 재잘거리다 보면 나도 모르는 사이에 집에 오곤 했다. 그 당시 기억에는 굉장히 먼 거리였는데, 지금은 어른의 걸음걸이로는 15분 남짓 걸렸다. 세월이 흘러 많은 것이 바뀌어 있었다. 예전의 아름다운 언덕과 빨간 벽돌집, 예쁜 꽃, 하늘 같이 높은 나무들, 짖어대는 강아지, 숨바꼭질하기에 안성맞춤이던 꼬불꼬불 골목길 등이 이제는 무덤덤하게 보이며 많은 세월이 흘렀음을 느꼈다. 한국 미사일에는 기적의 세월이 나에게는 잃어버린 세월이었다.

행복한 연구소 생활을 가능하게 해주신 모든 분들에게 감사드리며 국방과학연구소의 무궁한 발전을 빕니다.

대한민국 자주국방의 기적을 이루어준 수많은 연구원 가족들의 희생에도 감사드립니다. 그리고 나의 아내에게 특별한 감사의 마음을 드리며 잃어버린 37년 동안의 부족했던 대화를 이것으로 대신합니다.

2011년 4월

박준복

참고문헌

1. 『국방의 초석 40년』, 국방과학연구소, 2010.

2. 정규수, 『로켓, 꿈을 쏘다』, (주)웅진씽크빅, 2010.

3. 『무내미 2010』 Vol. 101, 국방과학연구소, 2010.

4. 『체계사업관리(II)(관리자의 자질개발)』, 국방과학연구소, 1996.

한국 미사일 40년의 신화
자주국방 그리고 꿈을 이룬 사람들

1판 1쇄 펴낸날 2011년 4월 20일
1판 2쇄 펴낸날 2013년 2월 20일

지은이 박준복
펴낸이 김시연

펴낸곳 (주)일조각
등록 1953년 9월 3일 제300-1953-1호(구 : 제1-298호)
주소 110-062 서울시 종로구 신문로 2가 1-335
전화 734-3545 / 733-8811(편집부)
733-5430 / 733-5431(영업부)
팩스 735-9994(편집부) / 738-5857(영업부)
이메일 ilchokak@hanmail.net
홈페이지 www.ilchokak.co.kr
ISBN 978-89-337-0606-0 03550
값 18,000원

* 이 도서의 국립중앙도서관 출판시도서목록(CIP)은 e-CIP 홈페이지(http://www.nl.go.kr/ecip)와
국가자료공동목록시스템(http://www.nl.go.kr/kolisnet)에서 이용하실 수 있습니다.
(CIP제어번호 : 2011001506)